Inhaltsübersicht

AH = Arbeitshilfe – CD = Compact Disc mit laufender Nummer der Hörbeispiele bzw. Playbacks (P) – SB = Schülerbuch

Hörbeispiele

Lfd. Nr.	Hörbeispiele 1 – 52	Spiel-dauer	Buch-Seite
1	**Begrüßungsspiel:** Marco skače; Melodie aus Kroatien (eigene Aufnahme)	1:05	5
	Ein Haus voll Musik:		
2	Mann übt auf der Trompete (eigene Aufnahme)	0:15	
3	Mann singt in der Badewanne (eigene Aufnahme)	0:14	
4	Vertania City; M: Jason/Löffler, T: A. Knote/A. Wesselsky (Koch Records 333332) (A)	0:15	
5	Zwei Straßenmusikanten (Gitarre, Klarinette) (eigene Aufnahme)	0:14	
6	Sandmännchen; Volkslied aus Deutschland/Bearb.: Schwarz (Bellaphon records 690-01-102) (A)	0:19	
7	Kind spielt auf Küchengeräten (eigene Aufnahme)	0:13	
8	Titelmusik zu „Die Sendung mit der Maus"; H. Posegga (Alle Rechte bei H. Posegga) (A)	0:15	
9	Peter und der Wolf, „Und nun stellt euch den Triumphzug vor!"; S. Prokofieff (DG 415 350-2) (A)	0:38	14
	Kastanienspiele:		
10	Hörgeschichte 1; R. Fernandez (eigene Aufnahme)	0:25	
11	Hörgeschichte 2; R. Fernandez (eigene Aufnahme)	0:22	
12	Rhythmische Bausteine; R. Fernandez (eigene Aufnahme)	0:46	22
13	**Kastanientanz:** Màgocs; H. Urabl (swiss pan 510524)	1:49	24
14	**Die Freunde des Herrn Laut und Herrn Leis:** Bewegungsmusik „laut – leise"; R. Schuhmann (eigene Aufnahme)	1:24	30
	Laterne, Mond und Sterne:		
15	Tänze aus Terpsichore, Pavane de Spaigne; M. Praetorius (Decca 414633-2) (A)	3:15	
16	dto. (Decca 414633-2) (A)	1:17	
17	dto. (Decca 414633-2) (A)	0:36	
18	dto. (Decca 414633-2) (A)	1:19	34
	Weihnachtsboten:		
19	Die Weihnachtsgeschichte, Einleitung ganz; C. Orff/G. Keetman (EMI 7 49898 2) (A)	2:29	
20	dto., „Hirtenmusik"; C. Orff/G. Keetman (EMI 7 49898 2) (A)	1:00	
21	dto., „Marienmusik"; C. Orff/G. Keetman (EMI 7 49898 2) (A)	0:24	41
	Allerlei Blockflöten:		
22	Hörgeschichte mit Sopranblockflöte, Altblockflöte, Tenorblockflöte, Bassblockflöte; R. Schuhmann (eigene Aufnahme)	3:08	
23	Gigue, Suite in g-moll; Dieupart (Teldec Classics 4509-99030-2) (A)	1:02	50
24	**Geigenwerkstatt:** Gavotte en Rondeau, Partita für Violine solo Nr. 3 E-Dur, J. S. Bach (BWV 1005) (DG 463 023-2) (A)	0:54	51
	Notenreise:		
25	Hörgeschichte mit Hörbeispielen 1; R. Schuhmann (eigene Aufnahme)	2:25	
26	Hörbeispiele 2; R. Schuhmann (eigene Aufnahme)	0:57	
27	Hörbeispiele 3; R. Schuhmann (eigene Aufnahme)	0:58	52
28	Bewegungsmusik „hoch – tief"; R. Schuhmann (eigene Aufnahme)	1:25	53
29	**Heißa, eine Schlittenfahrt:** Musikalische Schlittenfahrt; L. Mozart (DG 431 052-2) (A)	2:00	59
30	**Tanz aus Peru:** Carnaval de Arequipa; Arr. José Posada-Charrúa (Fidula 4409)	3:29	62
31	**Tanz aus Frankreich:** Le Bastringlo (Arbeitsgemeinschaft für Gruppen-Beratung 150 325/2)	1:29	63
32	**Tanz aus Serbien:** Pljeskavac (Fidula 4473)	3:09	66
33	**Schmetterlingstanz:** Samoth; H. Urabl (swiss pan 510524)	2:07	67
34	**Frühlingswiese/Käfertanz:** Pash-Pash; H. Urabl (swiss pan 510524)	2:25	75
35	**Hummeln brummen:** Der Hummelflug; N. Rimsky-Korsakow/Bearb. B. Mc Ferrin u. Yo-Yo Ma (Sony SK 48177)	1:06	77
	Spaziergang durch den Tierpark:		
36	Hörquiz (Bär, Papagei, Schildkröte, Löwe, Klapperschlange) (Löwe und Schritte: Pol 841 559-2; Rest: eigene Aufnahme)	1:35	80
37	Rhythmische Bausteine, Tierkette 1 (eigene Aufnahme)	0:19	
38	Rhythmische Bausteine, Tierkette 2 (eigene Aufnahme)	0:19	81
39	**Elefantenparade:** Der Karneval der Tiere, Der Elefant; C. Saint-Saëns (DG 415 350-2) (A)	1:18	85
40	**Müll, Müll, Müll:** Die Müllmusik-Band; R. Schuhmann (eigene Aufnahme)	1:23	87
	Zwerge und Riesen:		
41	Wir wollen heute Zwerge sein; R. Schuhmann (eigene Aufnahme)	1:50	
42	Bewegungsmusik „rasch – langsam"; R. Schuhmann (eigene Aufnahme)	1:39	91
43	**Sommersonne:** Peer Gynt, Suite No. 1 op. 46, Morgenstimmung; E. Grieg (DG 4190474-2) (A)	3:56	94
44	**Hei, sie schweben:** Le souper des putains; Torgue/Houppin (Spalax 14253)	2:24	96
	Sommerwetter, Donnerwetter:		
45	Hörgeschichte 1; R. Fernandez (eigene Aufnahme)	0:37	
46	Hörgeschichte 2 (Regengeräusche: auf Holz/gegen die Fensterscheibe/in einen Blecheimer/auf Steinweg/ auf Hand); R. Fernandez (eigene Aufnahme)	0:43	
47	Hörgeschichte 3; R. Fernandez (eigene Aufnahme)	0:37	
48	Hörgeschichte 4; R. Fernandez (eigene Aufnahme)	1:21	
49	Der Barbier von Sevilla, Temporale; G. Rossini (DG 4230584-2) (A)	3:04	99
50	**Plitsch, platsch Badespaß:** Geräusche im Schwimmbad, Reporter berichtet lt. Schülerbuch, Tischtennisspielen/Kinder beim Flaschenkegeln/Wechselgeld klimpert in der Kasse/Papiertüte raschelt/Radio spielt (Livin' La Vida Loca*; R. Rosa/D. Child; Columbia 494406-2)/Wasser prasselt in Dusche/Insekten summen/Bauchplatscher/Hund bellt/Bademeister spricht durch Megaphon/Ball prallt auf Wasseroberfläche/Wasserball platzt/Ente quakt (eigene Aufnahme)	2:32 *(0:28)	101
	Kuckuck, Esel und andere:		
51	Tierstimmenrätsel (Kuckuck, Esel, Gänse, Pferd, Amsel) (Gänse und Pferd: Pol 841 559-2; Amsel: Sonia 77055; Rest: eigene Aufnahme)	0:54	
52	Der Karneval der Tiere, Der Kuckuck; C. Saint-Saëns (DG 415 350-2) (A)	2:13	103

An der Erstellung der Compact-Disc wirkten mit:

Zusammenstellung der Hörbeispiele: Rodrigo Fernandez, Barbara Häublein, Edith Scheffold, Reinhard Schuhmann

Digitale Aufnahme der Hörbeispiele Nr. 2, 3, 5 und 7: Rodrigo Fernandez

Digitaler Gesamt-Schnitt und CD-Mastering: Thomas Fillep, Regensburg

Musikalische Gestaltung der Eigenaufnahmen bei den Hörbeispielen Nr. 1, 12, 14, 25 – 28, 40 – 42: Thomas Fillep

Mitwirkende bei der Gestaltung der Hörgeschichten:
Nr. 10, 11: Mädchen: Magdalena Helmig
Nr. 22: Sprecher: Thomas Fillep
Jungen: Vinzenz Immanuel Löscher, Sebastian Heß, Kevin Funke, Ferdinand Hirmer
Blockflöten: Simon Tischler (Sopran), Patrick Tischler (Alt), Stephanie Liebl (Tenor), Ursula Liebl (Bass)
Nr. 25: Sprecherin: Sabine Kowoll – Sprecher: Thomas Fillep
Nr. 45 – 48: Sprecherin: Sabine Kowoll – Sprecher: Thomas Fillep – Mädchen: Stephanie Liebl – Junge: Maximilian Trebeß

Alle Jungen sind Mitglieder der Regensburger Domspatzen.
Gesamtorganisation: Karl-Heinz Liebl, Musikgymnasium der Regensburger Domspatzen

Überspielrechte wurden von folgenden Firmen erworben:

Arbeitsgemeinschaft für Gruppenberatung – Bellaphon records – Columbia – Decca – Deutsche Grammophon (DG) – EMI – Fidula – Koch Records – Polydor – Sonia – Sony – Spalax – swiss pan – Teldec Classics

Überspielverbot
Haben Sie bitte Verständnis dafür, dass wir Überspielungen und Vervielfältigungen aller Art (auch in Ausschnitten) mit allem Nachdruck strafrechtlich verfolgen müssen.
Wir sind dazu nicht nur im eigenen Interesse, sondern vor allem auch strafrechtlich den Lizenzgebern und Urheberrechtsinhabern gegenüber verpflichtet, von denen die Überspiel- und Vervielfältigungsrechte ausschließlich für diese Auflage erteilt wurden. Bedenken Sie bitte auch, dass Auswahl und Produktion der Hörbeispiele, der Erwerb der entsprechenden Leistungsschutz-, Vervielfältigungs- und Aufführungsrechte u. a. m. erhebliche Kosten verursacht haben.
Überspielungen und Vervielfältigungen jeder Art sind deshalb Diebstahl und müssen als solcher geahndet werden!

Lfd. Nr.	Playbacks 1 – 74	Spieldauer	Buch-Seite
1	Guten Morgen (I. Lotz, Rechte beim Urheber)	0:56	4
2	Ich wünsch dir einen guten Morgen (R. Schuhmann)	0:36	4
3	Wir wollen singen (R. Schuhmann)	0:21	5
4	If you're happy (aus England)	1:37	6
5	Drei Mal hoch! (R. Fernandez)	0:24	7
6	Zum Geburtstag (R. Schuhmann)	0:36	7
7	Wozu sind uns're Hände da? (K. Foltz, Möseler Verlag, Wolfenbüttel)	0:23	8
8	Hände drücken (I. Lotz, Verlag Ernst Kaufmann GmbH, Lahr)	0:28	8
9	Meine Hände fühlen (U. Biasin, Rechte beim Urheber)	0:26	9
10	Miteinander (R. Schuhmann)	0:36	11
11	Wir machen Pause (R. Schuhmann)	0:27	13
12	Aus, aus, Schule ist aus (R. Schuhmann)	0:28	13
13	Es war einmal (R. Schuhmann)	0:51	16
14	Verschwunden ist die gute Fee (R. Schuhmann)	0:29	17
15	Sausewind, Brausewind (H. Poser, Fidula-Verlag, Boppard/Rhein und Salzburg)	1:04	18
16	*Nebel, Nebel, weißer Hauch (W. Pudelko, Bärenreiter Verlag, Kassel)	0:49	20
17	Die Kastanie (R. Fernandez)	0:37	23
18	Wenn im Herbst die Winde weh'n (E. Scheffold)	0:29	25
19	*Wind, Wind, blase! (R. R. Klein, Fidula-Verlag, Boppard/Rhein und Salzburg)	1:16	27
20	*Der Herbst (H. R. Franzke, Fidula-Verlag, Boppard/Rhein und Salzburg)	1:04	28
21	Schlaflied der Tierkinder (R. Fernandez)	2:00	29
22	Martin, Martin (aus Thüringen)	0:44	32
23	*Ich geh mit meiner Laterne (aus Holstein)	1:43	33
24	Brennt die Kerze hell (aus Ungarn, Edition Musica – für Deutschland: Boosey & Hawkes. Botes & Bock, Berlin)	0:16	33
25	Kommt der Mond (H. Langhans, Möseler Verlag, Wolfenbüttel)	0:41	35
26	Laternenmusik (R. Fernandez)	1:17	36
27	Das Wolkenboot (D. Kreusch-Jakob, Patmos Verlag, Düsseldorf)	2:17	37
28	*Wir sagen euch an den lieben Advent (H. Rohr, Christophorus-Verlag, Freiburg)	3:23	38
29	*Lasst uns froh und munter sein (aus dem Hunsrück)	1:33	39

30	Heiliger Nikolaus (W. Fanderl, Erbengemeinschaft W. Fanderl)	1:18	40
31	*Ihr Kinderlein, kommet (J. A. P. Schulz)	0:46	41
32	Lasst die Glocken all erklingen (R. Schuhmann)	0:53	42
33	*Zu Bethlehem geboren (aus Köln)	0:41	44
34	Heut kam ein Engel (aus Ungarn)	1:31	44
35	Kinder, Kinder, tanzt und singt! (aus Böhmen)	0:47	45
36	*Alle fangt an, wer singen kann (aus Oberbayern)	0:38	45
37	Wir sind die Hirten (R. Schuhmann)	0:34	46
38	Seht ihr den Stern? (R. Schuhmann)	0:56	47
39	Wir ziehen weiter (R. Schuhmann)	1:03	48
40	Heller Stern, klarer Stern (R. Schuhmann)	1:14	49
41	Was macht meine kleine Geige? (überliefert)	0:16	51
42	Steigen wir die Treppe rauf (R. Schuhmann)	0:16	53
43	Juchhe, juchhe (K. Marx, Verlag Merseburger, Kassel)	0:51	54
44	*A, a, a, der Winter, der ist da (überliefert)	1:06	55
45	Kommet all und seht (H. Poser, Fidula-Verlag, Boppard/Rhein und Salzburg)	0:34	55
46	Spuren im Schnee (H. Lemmermann, Fidula-Verlag, Boppard/Rhein und Salzburg)	1:12	57
47	Schlittenfahren (B. Häublein/E. Scheffold)	0:22	59
48	*Rums dideldums (W. Stumme, Möseler Verlag, Wolfenbüttel)	1:07	60
49	Leit, Leit, Leitl, miaßts lusti sein (aus Bayern)	0:27	61
50	Was machen wir im Kreise hier? (R. Schuhmann)	0:16	64
51	Flattern weiße Falter (H. Bergese, Möseler Verlag, Wolfenbüttel)	0:19	68
52	Schmetterlingsmusik (B. Häublein/E. Scheffold)	0:23	69
53	*Hört ihr den Vogel schrei'n (F. Kukuck, Fidula-Verlag, Boppard/Rhein und Salzburg)	0:22	72
54	*Singt ein Vogel (H. Lau, Möseler Verlag, Wolfenbüttel)	1:58	72
55	*April, April (A. Wagner-Postel, Schott Musik International, Mainz)	0:24	73
56	Frühling ist's (G. Bächli, Musikhaus Pan AG, Zürich)	1:12	76
57	Mach auf das Tor (D. Kreusch-Jakob, Patmos Verlag, Düsseldorf)	3:36	78
58	War einmal ein Elefant (G. Kretzschmar, Fidula-Verlag, Boppard/Rhein und Salzburg)	1:03	84
59	Im Wald liegt eine Limobüchse (R. Schuhmann)	1:33	86
60	*Trarira, der Sommer, der ist da! (überliefert)	0:56	92
61	Wandern in der Sommerzeit (L. Rinderer, Musikverlag Helbling, Innsbruck)	0:25	92
62	Sonnenlauf (R. Fernandez/B. Häublein/E. Scheffold)	0:41	93
63	Eine kleine Seifenblase (W. Beidinger, Rechte beim Urheber)	0:31	97
64	*Ein Vogel wollte Hochzeit machen (überliefert)	1:26	102
65	*Der Kuckuck und der Esel (K. F. Zelter)	1:08	103
66	*Hei, mein Pferdchen (H. Lemmermann, Fidula-Verlag, Boppard/Rhein und Salzburg)	0:58	104
67	Wie kommt ein Dromedar (G. Kretzschmar, Fidula-Verlag, Boppard/Rhein und Salzburg)	0:40	104
68	Was macht ein Regenwurm (U. Führe, Fidula-Verlag, Boppard/Rhein und Salzburg)	1:08	105
69	Ja, kennt ihr den Tim (R. Schuhmann)	0:57	106
70	Wir sind die wilden Tiere (R. Schuhmann)	1:04	107
71	Krach, Krach, Krach! (R. Schuhmann)	0:40	108
72	Schad, schad! (R. Schuhmann)	0:47	109
73	Bleib bei uns! (R. Schuhmann)	0:40	111
74	Aus ist der Traum (R. Schuhmann)	0:21	111

* = Lied lt. empfohlenem Liederkanon für den Musikunterricht in der Grundschule

An der Erstellung der Compact-Disc wirkten mit:
Zusammenstellung und musikalische Aufbereitung der Playbacks: Rodrigo Fernandez, Barbara Häublein, Edith Scheffold, Reinhard Schuhmann
Arrangement, Einspielung, digitaler Schnitt und CD-Mastering: Thomas Fillep, Regensburg

Bearbeitungsrechte wurden von folgenden Urheberrechtsinhabern und Firmen erworben:
Bärenreiter Verlag – W. Beidinger – U. Biasin – Christophorus-Verlag – Edition Musica; für Deutschland: Boosey & Hawkes, Botes & Bock – Erbengemeinschaft W. Fanderl – Fidula Verlag – I. Lotz – Möseler Verlag – Musikhaus Pan AG – Musikverlag Helbling – Patmos Verlag – Schott Musik International – Verlag Ernst Kaufmann GmbH – Verlag Merseburger

Alle anderen Stücke ohne weitere Quellenangabe sind entweder urheberrechtlich frei oder stammen von den o. a. Autoren.

Überspielverbot
Haben Sie bitte Verständnis dafür, dass wir Überspielungen und Vervielfältigungen aller Art (auch in Ausschnitten) mit allem Nachdruck strafrechtlich verfolgen müssen.
Wir sind dazu nicht nur im eigenen Interesse, sondern vor allem auch strafrechtlich den Lizenzgebern und Urheberrechtsinhabern gegenüber verpflichtet, von denen die Überspiel- und Vervielfältigungsrechte ausschließlich für diese Auflage erteilt wurden.
Bedenken Sie bitte auch, dass die Produktion der Playbacks, der Erwerb der entsprechenden Vervielfältigungs- und Aufführungsrechte u. a. m. erhebliche Kosten verursacht haben.
Überspielungen und Vervielfältigungen jeder Art sind deshalb Diebstahl und müssen als solcher geahndet werden!

Lerninhalte **1.** Jahrgangsstufe	Buchseite
Am Morgen	
Lied „Guten Morgen“ mit Begrüßungsgesten MuE 1.1.1, 1.4.1 → Eth 1/2.3, D 1/2.1.4, HSU 1.4.1, 1.6.1, SpE 1.1.1	4
Lied „Wir wollen singen“ mit Begleitung MuE 1.1.1, 1.1.2 → HSU 1.4.1	5
Auf Wiedersehen	
Sprechvers „Schni schna schnaus“ mit Klanggesten MuE 1.1.1, 1.1.2 → D 1/2.1.5, HSU 1.4.1	13
Ein Jahr älter	
Lied „Drei Mal hoch!“ MuE 1.1.1 → Eth 1/2.2, HSU 1.4.1, 1.6.1	7
Meine Hand, deine Hand	
Spiel- und Bewegungslied „Wozu sind uns're Hände da?“ mit Klanggesten MuE 1.1.1, 1.1.2, 1.4.2 → KR 1.4.3, EvR.1.1.1, Eth 1/2.1, 1/2.5, D 1/2.1.4, HSU 1.2.2, SpE 1.2.2, KuE 1.3	8
Spiel- und Bewegungslied „Hände drücken“ mit gestisch-mimischer Begleitung; dabei Lagebeziehungen am eigenen Körper: links, rechts MuE 1.1.1, 1.1.2, 1.4.2 → KR 1.4.3, EvR 1.1.1, Eth 1/2.1, 1/2.5, D 1/2.1.4, M 1.1.1, HSU 1.2.2, SpE 1.2.2, KuE 1.3	8

Lerninhalte **2.** Jahrgangsstufe	Buchseite
Am Morgen	
Lied „Ich wünsch' dir einen guten Morgen“ MuE 2.1.1 → Eth 1/2.2, 1/2.3, D 1/2.1.3, HSU 2.6.1	4
Begrüßungsspiel „Marco skače“ mit Begrüßungsformeln anderer europäischer Länder MuE 2.1.2, 2.3.2, 2.4.1 → PL 1/2.3, Eth 1/2.2, D 1/2.1.3, HSU 2.6.1	5
Auf Wiedersehen	
Lied „Wir machen Pause“ mit Klanggesten MuE 2.1.1, 2.1.2 → Eth 1/2.2, D 1/2.1.3, HSU 2.6.1	13
Lied „Aus, aus, Schule ist aus“ MuE 2.1.1 → Eth 1/2.2, D1/2.1.3, HSU 2.6.1	13
Bei uns im Kreis	
Lied „If you're happy“ mit gestischen und klanglichen Aktionen; dabei Parameter langsam/schnell, leise/laut MuE 2.1.1, 2.1.2 → PL 1/2.1, 1/2.3, Eth 1/2.2, D 1/2.1.4, 1/2.1.5	6
Ein Jahr älter	
Lied „Zum Geburtstag“ MuE 2.1.1 → Eth 1/2.2, D 1/2.1.4, HSU 2.4.1, 2.6.1	7
Meine Hand, deine Hand	
Lied „Meine Hände fühlen“ mit Begleitung und Sprechvers; dabei Übungen zur Sinnessensibilisierung: Fühlspiele, Eigenschaften von Gegenständen MuE 2.1.1, 2.1.2 → Eth 1/2.5, D 1/2.4.2, HSU 2.2.2, WTG 2.1.2	9

LP-Nr. → Fächerübergreifende Querverbindungen – PL = Pädagogisches Leitthema

Lerninhalte **1.** Jahrgangsstufe	Buchseite
Der Herbst ist da	
„Herbstgedicht" gestalten MuE 1.2.1, 1.2.2, 1.4.2 → Eth 1/2.3, D 1/2.5.4, HSU 1.7.3, KuE 1.1, WTG 1.1.1, 1.1.2	26
Lied „Wind, Wind, blase!" mit Begleitung MuE 1.1.1, 1.1.2 → 1/2.3, HSU 1.7.2, 1.7.3, KuE 1.1, WTG 1.1.1, 1.1.2	27
Wind- und Blättergeschichten: Stimmspiele MuE 1.2.1, 1.2.2, 1.4.2 → Eth 1/2.3, HSU 1.7.2, 1.7.3, KuE 1.1, WTG 1.1.1, 1.1.2	27
Kastanienspiele	
Klangspiel: Kastanienmuster auf Stabspielen MuE 1.2.1, 1.2.2 → Eth 1/2.3, KuE 1.1, WTG 1.1.1, 1.1.2	22
Sprechvers „Kastanienklopfen" MuE 1.1.1, 1.1.2 → Eth 1/2.3, KuE 1.1, WTG 1.1.1, 1.1.2	22
Lied „Die Kastanie" mit Begleitung und Bewegungsgestaltung MuE 1.1.1, 1.1.2, 2.4.2 → Eth 1/2.3, KuE 1.1, WTG 1.1.1, 1.1.2	23
Drachen steigen	
Lied „Wenn im Herbst die Winde weh'n" mit Begleitung und Bewegungsgestaltung MuE 1.1.1, 1.1.2, 2.4.2 → Eth 1/2.3, HSU 1.7.2, 1.7.3, KuE 1.1, WTG 1.1.1, 1.1.2	25
Die Fee im Klangwald	
Spiel zum Kennenlernen des Kleinen Schlagwerks MuE 1.1.2, 1.2.1 → D 1/2.5.4	16/17

Lerninhalte **2.** Jahrgangsstufe	Buchseite
Der Herbst ist da	
Lied „Der Herbst" mit Begleitung MuE 2.1.1, 2.1.2, → Eth 1/2.3, 1/2.5, 2.5.1, WTG 2.1.1, 2.1.2	28
„Schlaflied der Tierkinder" mit Begleitung MuE 2.1.1, 2.1.2 → Eth 1/2.3, 1/2.5, 2.5.1, D 1/2.3.1, KuE 2.1, WTG 2.1.1, 2.1.2	29
Kastanienspiele	
„Kastanientanz" unter Berücksichtigung seiner Form (Vor-/Zwischenspiel, A-Teil, B-Teil) gestalten; dabei Erfahrungen mit Naturmaterialien (Blätter, Kastanien, Schalen) MuE 2.3.2, 2.4.1 → Eth 1/2.3, SpE 2.4.2, WTG 2.1.1., 2.1.2	24
Wind, Wind, sause	
Lied „Sausewind, Brausewind" mit Begleitung MuE 2.1.1, 2.1.2 → Eth 1/2.3, 1/2.5, 2.5.1	18
„Das Spiel vom Sausewind" MuE 2.1.1, 2.1.2, 2.3.2 → D 1/2.1.5, SpE 2.4.3	19
Nebelhauch	
Improvisation: Nebeltöne MuE 2.1.2, 2.2.1, 2.2.2 → HSU 2.7.2	20
Lied „Nebel, Nebel, weißer Hauch" mit Begleitung, Klangspiel, Bewegungsgestaltung und grafischer Notation MuE 2.1.1, 2.1.2, 2.2.2, 2.4.1, 2.4.2 → SpE 2.4.2	20/21

Lerninhalte 1. Jahrgangsstufe	Buchseite
Die Freunde des Herrn Laut und Herrn Leis	
Parameter laut/leise: • Sprechstück • Verwandlungsspiel • Bewegungsspiel MuE 1.1.1, 1.4.1 ,1.4.2 → D 1/2.1.5, SpE 1.4.1, KuE 1.3	30/31
Lichter für St. Martin	
Geschichte von St. Martin als szenische Spiel- und Klanggeschichte MuE 1.1.2, 1.2.2 → PL 1/2.4, KR 1.2.3, EvR 1.1.3, Eth 1/2.2	32
Lied „Martin, Martin" mit Begleitung MuE 1.1.1, 1.1.2 → PL 1/2.4, KR 1.2.1, EvR 1.1.3, Eth 1/2.2	32
Lied „Ich geh' mit meiner Laterne" mit Gestaltung MuE 1.1.1, 1.1.2 → KuE 1.6	33
Lied „Brennt die Kerze hell" mit Begleitung MuE 1.1.1, 1.1.2 → PL 1/2.4, KR 1.2.3, EvR 1.1.3, Eth 1/2.2	33
Ein Haus voll Musik	
Hörbild/Hörspaziergang: Wo uns Musik begegnet MuE 1.3.2 → D1/2.1.1, HSU 1.2.2	14/15

Lerninhalte 2. Jahrgangsstufe	Buchseite
Die Freunde des Herrn Laut und Herrn Leis	
Parameter laut/leise: • Ratespiel • Orchesterspiel MuE 2.1.2, 2.4.1, 2.4.2 → D 1/2.1.5, SpE 2.4.1, KuE 2.3	30/31
Laterne, Mond und Sterne	
Laternentanz unter Berücksichtigung der Form des Musikstückes (A-, B-, C-Teil) MuE 2.3.2, 2.4.1 → WTG 2.3.2	34
Lied „Kommt der Mond" mit Begleitung und Klangspiel MuE 2.1.1, 2.1.2 → Eth 1/2.3	35
Laternenmusik: Spielstück für Blockflöte und Stabspiele MuE 2.1.2, 2.4.1 → Eth 1/2.3	36
Lied „Das Wolkenboot" mit Gestaltung MuE 2.1.1, 2.1.2 → Eth 1/2.5, 1/2.6, D 1/2.3.1	37

Lerninhalte **1.** Jahrgangsstufe	Buch-seite
Im Schein der Kerzen	
Lied „Wir sagen euch an den lieben Advent" mit Begleitung und Atemspielen MuE 1.1.1, 1.1.2 → KR 1.3.1, EvR 1.2.1, Eth 1/2.4, D 1/2.1.5, HSU 1.6.3, 1.7.2, KuE 1.2	38
Weihnachtsboten	
Lied „Lasst uns froh und munter sein" MuE 1.1.1 → KR 1.3.1, EvR 1.2.1, Eth 1/2.4, HSU 1.6.3, KuE 1.2	39
Sprechstück „Nikolaus" mit rhythmischen Bausteinen MuE 1.1.1 → KR 1.3.1, EvR 1.2.1, Eth 1/2.4, HSU 1.6.3, KuE 1.2	39
Lied „Heiliger Nikolaus" mit Begleitung MuE 1.1.1, 1.1.2 → KR 1.3.1, EvR 1.2.1, Eth 1/2.4, HSU 1.6.3, KuE 1.2	40
Weihnachtsklänge	
Lied „Lasst die Glocken all erklingen" mit Glockenmusik MuE 1.1.1, 1.1.2, 1.2.1, 1.2.2 → KR 1.3.1, EvR 1.2.1, Eth 1/2.4, HSU 1.6.3, KuE 1.2	42/43
Weihnachtszeit, Weihnachtsfreud	
Lied „Zu Bethlehem geboren" MuE 1.1.1, 1.4.2 → KR 1.3.2, EvR 2.2.2, Eth 1/2.4, HSU 1.4.1, 1.6.3, KuE 1.2	44
Lied „Alle fangt an, wer singen kann" mit Begleitung MuE 1.1.1, 1.1.2, 1.4.2 → KR 1.3.2, EvR 2.2.2, Eth 1/2.4, HSU 1.4.1, 1.6.3, KuE 1.2	45

Lerninhalte **2.** Jahrgangsstufe	Buch-seite
Weihnachtsboten	
Nikolausgeschichte mit Klangspiel MuE 2.1.2, 2.2.2, 2.4.2 → KR 2.3.1, EvR 2.2.1, Eth 1/2.4, D 1/2.5.4, HSU 2.6.2, KuE 2.6	40
Lied „Ihr Kinderlein kommet" MuE 2.1.1 → KR 2.3.2, EvR 2.2.2, Eth 1/2.4, HSU 2.6.2, KuE 2.6	41
C. Orff: Vorspiel zur Weihnachtsgeschichte MuE 2.3.2, 2.4.1, 2.4.2 → KR 2.3.2, EvR 2.2.2, Eth 1/2.4, D 1/2.1.5, KuE 2.6	41
Seht ihr den Stern?	
Weihnachtsspiel MuE 2.4.2 → KR 2.3.2, EvR 2.2.2, Eth 1/2.4, D 1/2.1.5, 1/2.5.4, WTG 2.2.2	46–49
Weihnachtszeit, Weihnachtsfreud	
Lied „Heut kam ein Engel" mit Begleitung MuE 2.1.1, 2.1.2, 2.4.2 → KR 2.3.2, EvR 2.2.2, Eth 1/2.4, D 1/2.1.4, HSU 2.6.2, KuE 2.6	44
Lied „Kinder, Kinder, tanzt und singt" MuE 2.1.1, 2.1.2, 2.4.2 → KR 2.3.2, EvR 2.2.2, Eth 1/2.4, HSU 2.6.2, KuE 2.2	45

Lerninhalte 1. Jahrgangsstufe	Buchseite
Schneemann, weißer Mann	
Lied „A, a, a, der Winter, der ist da" MuE 1.1.1 → KR 1.6.2, EvR 1.5.1, Eth 1/2.3, HSU 1.6.3, 1.7.3, SpE 1.4.5, KuE 1.1, WTG 1.1.1	55
Lied „Unser Schneemann" mit Begleitung MuE 1.1.1, 1.1.2 → KR 1.6.2, EvR 1.51., Eth 1/2.3, HSU 1.6.3, 1.7.3, SpE 1.4.5, KuE 1.1, WTG 1.1.1	55
Heißa, eine Schlittenfahrt	
Hörbild, Klangspiel „Schlittenfahrt" MuE 1.3.2, 1.2.2 → KR 1.6.2, EvR 1.5.1, Eth 1/2.3, HSU 1.6.3, 1.7.3, SpE 1.4.5, KuE 1.1, 1.4, WTG 1.1.1	58
Sprechvers „Hört das Traben" MuE 1.1.1 → KR 1.6.2, EvR 1.5.1, Eth 1/2.3, D 1/2.1.5, HSU 1.6.3, 1.7.3, SpE 1.4.5, KuE 1.1, 1.4, WTG 1.1.1	58
Lied „Schlittenfahren" MuE 1.1.1 → KR 1.6.2, EvR 1.5.1, Eth 1/2.3, HSU 1.6.3, 1.7.3, SpE 1.4.5, KuE 1.1, WTG 1.1.1	59
L. Mozart: „Musikalische Schlittenfahrt" als „Mitspielstück" MuE 1.1.2, 1.3.2, 1.4.1 → KR 1.6.2, EvR 1.5.1, Eth 1/2.3, HSU 1.6.3, 1.7.3, SpE 1.4.2, 1.4.5, KuE 1.1, WTG 1.1.1	59
Die gelben Tüten	
Musikalisch-szenisches Spiel zum Päd. Leitthema: „Sich ändern – miteinander leben" MuE 1.4.2 → PL 1/2.3, KR 1.4.1, 1.4.3, EvR 1.8.1, D 1/2.1.4, HSU 1.4.1, SpE 1.4.2, KuE 1.3	10/11

Lerninhalte 2. Jahrgangsstufe	Buchseite
Hurra, der erste Schnee	
Lied „Juchhe, juchhe" mit Begleitung und rhythmischen Bausteinen MuE 2.1.1, 2.1.2 → KR 2.6.1, EvR 2.5.1, Eth 1/2.3, HSU 2.6.2, 2.7.2, SpE 2.4.5, KuE 2.6, WTG 2.1.1	54
Spuren im Schnee	
Spielstück für Stabspiele/Klangspiel „Spuren im Schnee"; dabei Rondoform MuE 2.1.2, 2.2.2 → KR 2.6.1, EvR 2.5.1, Eth 1/2.3, HSU 2.6.2, 2.7.2, SpE 2.4.5, KuE 2.1, WTG 2.1.1	56
Lied „Klitzekleine Spuren" mit Begleitung MuE 2.1.1, 2.1.2 → KR 2.6.1, EvR 2.5.1, Eth 1/2.3, HSU 2.6.2, 2.7.2, SpE 2.4.5, KuE 2.1, WTG 2.1.1	57

Lerninhalte **1.** Jahrgangsstufe (Feb.)	Buchseite
Faschingstreiben	
Lied „Rums dideldums" mit Begleitung und Tanzgestaltung MuE 1.1.1, 1.1.2, 1.4.1, 1.4.2 → Eth 1/2.3, 1/2.4, HSU 1.4.1, SpE 1.4.2, KuE 1.2	60/61
Lied „Leit, Leit, Leitl, miaßts lusti sein" MuE 1.1.1, 1.1.2 → D 1/2.1.5, HSU 1.6.3	61
Le bastringlo	
Tanz aus Frankreich MuE 1.4.1 → PL 1/2.3, KR 1.4.1, EvR 1.8.1, Eth 1/2.3, 1/2.4, HSU 1.6.3, SpE 1.4.2, WTG 1.5	63
Allerlei Blockflöten	
Blockflötenfamilie in Bild und Ton MuE 1.2.1, 1.3.1, 1.3.2 → D1/2.1.5	50

Lerninhalte **2.** Jahrgangsstufe (Feb.)	Buchseite
Im Instrumentenkreis	
Klangwanderungen MuE 2.1.2, 2.2.1 → D 1/2.1.1	64
Suchspiel; dabei die Parameter „immer lauter/immer leiser" MuE 2.1.2, 2.2.1, 2.2.2 → D 1/2.1.1, SpE 2.4.3	65
Detektivspiel MuE 2.2.1 → D1/2.1.1	
Carnaval de Arequipa	
Tanz aus Peru MuE 2.4.1 → PL 1/2.3, Eth 1/2.3, 1/2.4, HSU 2.6.2, SpE 2.4.2, WTG 2.5	62
Geigenwerkstatt	
Lied „Was macht meine kleine Geige?" und Bau einer Gummibandgeige MuE 2.1.1, 2.2.1, 2.3.1, 2.3.2 → WTG 2.2.2	51

Lerninhalte **1.** Jahrgangsstufe (März)	Buchseite
Schmetterlingstanz	
Tanz im Frühling MuE 1.3.2, 1.4.1 → SpE 1.4.2, WTG 1.3.2	67
Falter flattern	
Lied „Flattern weiße Falter" mit Begleitung und Klangspiel MuE 1.1.1, 1.1.2, 1.4.2 → KR 1.6.1, EvR 1.5.1, Eth 1/2.5, HSU 1.6.3, WTG 1.1.1	68
Hummeln brummen	
N. Rimsky-Korsakow: „Der Hummelflug" mit Stimm- und Klangspiel, Bewegungsgestaltung und grafischer Notation MuE 1.2.1, 1.2.2, 1.3.2, 1.4.1 → D 1/2.1.5, HSU 1.5.2, SpE 1.4.2	77
Singend in den Frühling	
Lied „Hört ihr den Vogel schrei'n" mit Begleitung MuE 1.1.1, 1.1.2 → HSU 1.6.3	72

Lerninhalte **2.** Jahrgangsstufe (März)	Buchseite
Pljeskavac	
Tanz aus Serbien MuE 2.3.2, 2.4.1 → SPE 2.4.2, WTG 2.5	66
Falter flattern	
Schmetterlingsmusik: Schlägelspiele und Spielstück* MuE 2.1.2, 2.2.2 → KuE 2.1	69
Tulpengesicht	
J. Guggenmos: „Die Tulpe" mit Bewegungsgestaltung und Klangspiel MuE 2.2.2, 2.4.2 → KR 2.6.1, EvR 2.5.1, D 1/2.5.4, WTG 2.2.2	70/71
Singend in den Frühling	
Lied „Singt ein Vogel" mit Begleitung MuE 2.1.1, 2.1.2 → KR 2.6.1, EvR 2.5.1, HSU 2.5.2, KuE 2.1	72

*Differenzierendes Zusatzangebot für Begabte

Lerninhalte 1. Jahrgangsstufe	Buchseite
Singend in den Frühling	
Lied „April, April" mit Begleitung MuE 1.1.1, 1.1.2 → HSU 1.6.3, 1.7.3	73
Klangspiel „Aprilwetter-Musik" MuE 1.2.2 → HSU 1.6.3, 1.7.3	73
Sprechvers „Im April" MuE 1.1.1, 1.1.2, 1.2.1 → HSU 1.6.3, 1.7.3	73
Frühlingswiese	
Fühlgeschichte MuE 1.4.2 → KR 1.6.1, EvR 1.5.1, Eth 1/2.5, HSU 1.5.2, 1.6.3, SpE 1.2.2, KuE 1.5, 1.6, WTG 1.1.1	74
Im Märchengarten	
Lied „Mach auf das Tor" MuE 1.1.1 → D 1/2.5.4, KuE 1.5	78
Klangspiel „Märchengarten" MuE 1.2.1, 1.2.2 → D 1/2.5.4, KuE 1.5	78
Rätsel: Märchen-Sprechverse mit Begleitung MuE 1.1.1, 1.1.2, 1.3.2, 1.4.2 → D 1/2.1.5, 1/2.5.4, KuE 1.5	79

Lerninhalte 2. Jahrgangsstufe	Buchseite
Notenreise	
Sprechvers „Notenreise" MuE 2.1.1 → D 1/2.1.4, 1/2.1.5, HSU 2.3.1, KuE 2.4	52
Hörgeschichte; dabei die Parameter hoch/tief MuE 2.1.1, 2.3.2 → D 1/2.1.1, KuE 1.6	52
Orchesterspiele; dabei die Parameter hoch/tief MuE 2.1.2, 2.2.1 → D 1/2.4.1	53
Bewegungsspiele; dabei die Parameter hoch/tief MuE 2.4.1 → SpE 2.4.2	53
Lied „Steigen wir die Treppe rauf"; dabei die Parameter hoch/tief MuE 2.1.1 → SpE 2.4.2	53
Frühlingswiese	
„Käfertanz" MuE 2.3.2, 2.4.1 → SpE 2.4.2, KuE 2.1	75
Lied „Frühling ist's" mit Begleitung und Bewegungsgestaltung, Klangspiel MuE 2.1.1, 2.1.2, 2.2.2, 2.4.1, 2.4.2 → KR 2.6.1, EvR 2.5.1, Eth 1/2.3, 1/2.5, D 1/2.3.1, HSU 2.6.2, SpE 2.4.2, KuE 2.1, WTG 2.1.2	76

Lerninhalte **1.** Jahrgangsstufe	Buch-seite
Spaziergang durch den Tierpark	
Tiernamen-Rätsel: rhythmische Bausteine MuE 1.1.1 → D 1/2.1.2	80
Elefantenparade	
Lied „War einmal ein Elefant" mit Begleitung (rhythmische Bausteine) und Bewegungsgestaltung MuE 1.1.1, 1.1.2, 1.4.1, 1.4.2 → D 1/2.1.2, SpE 1.4.1, KuE 1.6	84
Müll, Müll, Müll	
Lied „Im Wald liegt eine Limobüchse" mit „Müllmusik" MuE 1.1.1, 1.1.2 → PL 1/2.2, KR 1.6.1, EvR 1.5.1, Eth 1/2.5, D 1/2.1.2, HSU 1.5.1, KuE 1.1, WTG 1.1.1	86

Lerninhalte **2.** Jahrgangsstufe	Buch-seite
Spaziergang durch den Tierpark	
Tierketten: rhythmische Bausteine MuE 2.1.1, 2.1.2 → D 1/2.1.2	81
Lustige Stabspielereien	
Tieraktionen: Schlägelspiele MuE 2.1.2 → D 1/2.5.4	82/83
Elefantenparade	
Lied „War einmal ein Elefant" mit Begleitung MuE 2.1.1, 2.1.2 → D 1/2.2, SpE 2.4.1, KuE 2.1	84
Klangspiel „Elefantenmusik" MuE 2.1.1, 2.1.2 → D 1/2.1.2, KuE 2.1	84
C. Saint-Saëns: „Der Elefant" mit Bewegungsgestaltung bei Berücksichtigung der musikalischen Formteile (A, B, A') MuE 2.3.2, 2.4.1 → SpE 2.4.1, 2.4.2, KuE 2.1	85
Die Müllmusik-Band	
Lied „Wir spielen immerzu"; Begleitung mit Eigenbauinstrumenten aus Wegwerfgegenständen MuE 2.1.1, 2.1.2 → PL 1/2.2, KR 2.6.1, EvR 2.5.4, Eth 1/2.5, HSU 2.5.1, KuE 2.2, WTG 2.2.2	87
Ich weiß einen Stern	
J. Guggenmos: „Ich weiß einen Stern" mit Klangspiel und szenischem Spiel MuE 2.1.1, 2.2.2, 2.4.2 → PL 1/2.2, KR 2.6.1, EvR 2.5.4, Eth 1/2.5, HSU 2.5.1, KuE 2.1, WTG 2.1.1, 2.1.2	88/89

Lerninhalte **1.** Jahrgangsstufe	Buchseite
Zwerge und Riesen	
Lied „Wir wollen heute Zwerge sein“ mit Begleitung; dabei Parameter rasch/langsam MuE 1.1.1, 1.1.2, 1.4.1, 1.4.2 → D 1/2.1.5, 1/2.5.4, SpE 1.4.1, 1.4.2, KuE 1.3	90/91
Bewegungskanon MuE 1.4.1 → SpE 1.4.1	91
„Rasch-langsam-Musik“ MuE 1.3.2, 1.4.1 → SpE 1.4.2	
Endlich Sommer	
Sprechstück „Kinder, Kinder“ mit Klanggesten MuE 1.1.1, 1.1.2 → D 1/2.1.5, HSU 1.6.3	95
Sommersonne	
Lied „Wandern in der Sommerzeit“ mit Begleitung und Bewegungsgestaltung MuE 1.1.1, 1.1.2, 1.4.2 → KR 1.6.1, EvR 1.5.1, Eth 1/2.5, D 1/2.1.2, HSU 1.5.1, 1.6.3, SpE 1.4.1, KuE 1.1, WTG 1.1.1	92
Lied „Sonnenlauf“ mit Begleitung und Bewegungsgestaltung MuE 1.1.1, 1.1.2, 1.4.1 → Eth 1/2.3, HSU 1.6.3, 1.7.3, SpE 1.4.2, KuE 1.1, 1.6	93
Klangspiel „Sonnenmusik“ MuE 1.2.2 → Eth 1/2.3, HSU 1.6.3, 1.7.3, KuE 1.1, 1.6	94
E. Grieg: „Morgenstimmung“ MuE 1.3.2 → KR 1.6.1, 1.6.2, EvR 1.5.1, 1.5.2, 1.5.3, Eth 1/2.5, D 1/2.3, HSU 1.6.1, 1.7.3, SpE 1.2.2, KuE 1.6	94
Hei, sie schweben	
Bewegungsgestaltung „Bunte Luftballons“ MuE 1.3.2, 1.4.1, 1.4.2 → HSU 1.3.1, SpE 1.4.1, 1.4.2, KuE 1.5	96

Lerninhalte **2.** Jahrgangsstufe	Buchseite
Sommerwetter, Donnerwetter	
Klangspiel „Gewitter“ nach grafischer Notation; dabei Parameter „immer lauter/immer leiser“ (cresc./decresc.) MuE 2.1.2, 2.2.2 → KR 2.6.1, 2.6.2, EvR 2.5.1, 2.5.2, 2.5.3, Eth 1/2.5, D 1/2.1.1, HSU 2.7.3	98/99
G. Rossini: „Der Barbier von Sevilla“: Gewittermusik MuE 2.3.2 → Eth 1/2.5	99
Endlich Sommer	
Sprechstück „Heuschnupfen“ mit Begleitung MuE 2.1.1, 2.1.2 → D 1/2.1.5, HSU 2.5.3, 2.6.2	95
Sommersonne	
Lied „Trarira, der Sommer, der ist da“ MuE 2.1.1 → KR 2.6.1, 2.6.3, EvR 2.5.1, Eth 1/2.5, D 1/2.1.1, HSU 2.5.1, 2.6.2, WTG 2.1.1, 2.1.2	92
Plitsch, platsch Badespaß	
Hörbild/Hörspaziergang: Geräusche im Freibad MuE 2.2.2, 2.3.2 → D 1/2.1.1, HSU 2.3.1, 2.6.2, SpE 2.4.4	100/101
Hei, sie schweben	
Lied „Eine kleine Seifenblase“ mit Begleitung und Atemspielen MuE 2.1.1, 2.1.2, 2.1.4 → SpE 2.4.1	97

Lerninhalte 1. Jahrgangsstufe	Buch-seite
Kuckuck, Esel und andere ...	
Lied „Ein Vogel wollte Hochzeit machen" mit Schattenspiel MuE 1.1.1, 1.1.2, 1.4.2 → D 1/2.1.4, WTG 1.3.2	102
Lied „Der Kuckuck und der Esel" MuE 1.1.1, 1.4.2 → Eth 1/2.2, D 1/2.1.3, HSU 1.4.1, KuE 1.1, 1.3	103
Klangspiel „Streitgespräch zwischen Kuckuck und Esel" mit grafischer Notation MuE 1.2.2 → Eth 1/2.2, HSU 1.4.1	103
C. Saint-Saëns: „Der Kuckuck" MuE 1.3.2 → KuE 1.1	103
Lied „Hei, mein Pferdchen" MuE 1.1.1, 1.1.2, 1.4.2 → SpE 1.4.2	104
Lied „Wie kommt ein Dromedar" mit Begleitung (rhythmische Bausteine) MuE 1.1.1, 1.1.2 → D 1/2.1.4	104
Lied „Was macht ein Regenwurm" MuE 1.1.1, 1.1.2 → D 1/2.1.4, 1/2.2.2, 1/2.3.1, KuE 1.5	105

Lerninhalte 2. Jahrgangsstufe	Buch-seite
Tim und die wilden Tiere	
Szenisch-musikalisches Spiel mit Stabspielbegleitung; dabei Parameter laut/leise MuE 2.4.2 → Eth 1/2.2, D 1/2.1.4, 1/2.1.5, 1/2.5.4, HSU 2.2.2, SpE 2.4.2, KuE 2.1, 2.5, WTG 2.3.2, 2.4.2	106–111

Meine Hand, deine Hand
– Wozu sind uns're Hände da? –

Lernziele/-inhalte
- Die Funktionen/Fähigkeiten der Hand darstellen und beschreiben
- Das Lied „Wozu sind uns're Hände da?" singen und mit Klanggesten unterlegen
- Die eigenen Hände bewusst betrachten und spüren
- Hände als „Mittler" zwischen Menschen erfahren
- Das Lied „Hände drücken" singen und gestisch begleiten
- Lagebeziehungen am eigenen Körper erfahren: linke Hand, rechte Hand

Unterrichtsmittel
Schülerbuch, P 7, 8, Anhang 1–4, S. 18, Folie von Anhang 4, S. 18, Fingerfarben, Salzteig/Ton, farbige Bändchen

Hinweise zur Unterrichtsgestaltung
– **„Wozu sind uns're Hände da?"**
- Lehrererzählung: „Die zehn kleinen Freunde" (Anhang 1, S. 18)
- Impuls: „Die zehn kleinen Freunde können noch viel mehr..."
- Schüler: „...patschen, klopfen, drehen, zappeln...".
- Rätsel: Ein Kind zeigt stumm eine Handbewegung (z.B. rühren, Teig kneten...), die anderen raten.
- **Lied „Wozu sind uns're Hände da?"** als Frage- und Antwortspiel: Takt 1–9 („Wozu sind uns're Hände da?") singt der Lehrer, die Schüler antworten singend mit Takt 10–17 („Die Hände sind zum ... da.").

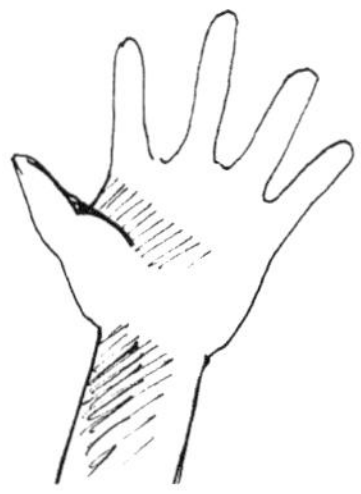

– **„Meine Hand"**
- Wahrnehmungsübung (Anhang 2, S. 18)
- Gestaltung: Die eigene Hand...
  - ➔ mit Fingerfarben bemalen und auf Papier drucken; nach den „Handspuren" kann anschließend rhythmisch geklatscht werden (Anhang 3, S. 18);
  - ➔ kopieren und ausschneiden;
  - ➔ als Umrisszeichnung nachfahren und bunt ausmalen;
  - ➔ in Salzteig oder Ton drücken;
  - ➔ mit abwaschbaren Farben bemalen: mit fröhlichen Gesichtern, Mustern...;
  - ➔ mit Hilfe des Overheadprojektors als „Schattenhand" erproben;
  - ➔ kennzeichnen: linke Hand → helles Bändchen („heller" Lichteinfall durch das Fenster als Merkhilfe); rechte Hand → dunkles Bändchen („dunkle" Wandseite als Merkhilfe)

– **„Hand in Hand"**
- Bildimpuls: die Hand als „Mittler" zwischen Menschen (Anhang 4, S. 18)
- **Lied: „Hände drücken"** über Vor- und Nachsingen einstudieren; dabei die Tonhöhen mit den Händen anzeigen; zum Abschluss das Lied im Stehkreis singen, mit Handbewegungen in der (Partner-) Gruppe begleiten, z.B. einander die Hände reichen, den Rücken klopfen, die Schultern streicheln o.Ä.

Anhang 1: „Zehn kleine Freunde"

Es war einmal ein kleiner Junge, der hieß Yang. Yang wohnte in China. Sein Vater ging frühmorgens zur Arbeit in eine große Fabrik. Seine Mutter nahm die Hacke und ging aufs Feld. Yang blieb zu Hause. Das gefiel ihm gar nicht. Er beschloss, auch zu arbeiten. Er nahm eine kleine Hacke und ging hinaus in den Garten. Dort lagen viele große und kleine Steine. Yang sammelte die Steine in einem Korb. Er brachte sie an das Ufer des Flüsschens, das in der Nähe vorbeifloss. Dann fegte er den Garten schön sauber und machte Beete. Als die Beete fertig waren, holte er sich Samen und säte ihn aus. Zum Schluss goss er alles sorgfältig. Nun war Yang fertig und freute sich sehr. Er wusch sich die Hände und ruhte sich unter einem Baum aus.
Abends kam der Vater zurück und fragte Yang: „Wer hat den Garten in Ordnung gebracht?" Yang antwortete: „Zehn kleine Freunde haben mir geholfen!" Die Eltern staunten: „Wo sind sie denn, deine zehn kleinen Freunde?" – „Hier sind sie", sagte Yang und hob die Hände hoch. „An jeder Hand fünf Freunde!"

Aus: R. Krenzer u. a.: Kurze Geschichten, Verlag Ernst Kaufmann, Lahr 1975, S. 18

Anhang 2: „Wahrnehmungsübung" (mit geschlossenen Augen)

...Mein Atem geht ruhig und regelmäßig, ein und aus...
Und ich werde ruhig, ganz ruhig.
Fest presse ich die Hände gegeneinander – und lasse wieder locker.
Nun falte ich die Hände, drücke zu – und öffne sie wieder.
Ich spüre, wie meine Hände warm werden – bis hinein in die Fingerspitzen.
Sanft umschließe ich einen Daumen, spüre den harten Knochen, die weiche Haut, den glatten Nagel.
Vorsichtig untersuche ich jeden einzelnen Finger.
Ich wähle eine Stelle an meiner Hand aus, die sich besonders schön anfühlt.
Welche ist es wohl?

Anhang 3: „Handspuren" rhythmisch klatschen

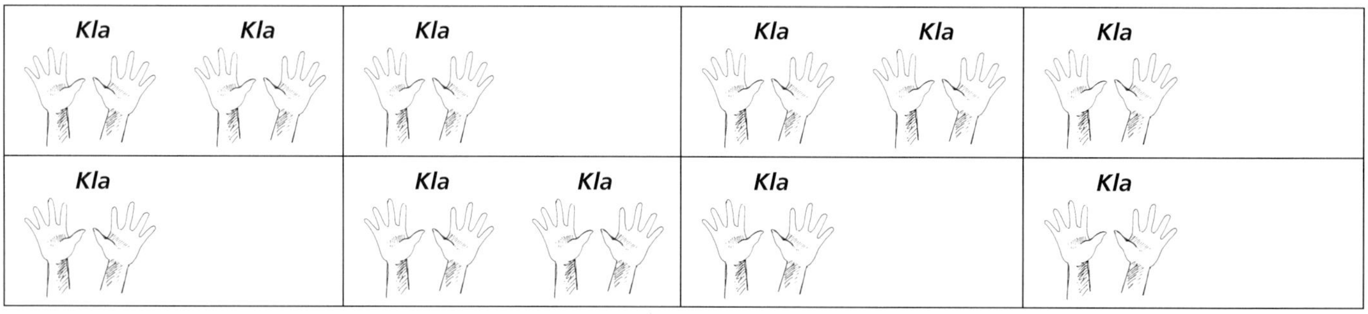

Anhang 4: Die Hand als „Mittler" zwischen Menschen

Meine Hand, deine Hand
– Meine Hände fühlen –

Lernziele/-inhalte

- Die Qualität von Gegenständen fühlen und mit treffenden Eigenschaftswörtern beschreiben können
- Das Lied „Meine Hände fühlen" singen und begleiten
- Den dazugehörigen Sprechvers rhythmisch sprechen oder auf eine selbst erfundene Melodie singen
- Freude am Tasten, Raten und Singen erfahren

Unterrichtsmittel

Schülerbuch, P 9, „Wahrnehmungsübung" (Anhang 2, S. 18), Triangel, 2 Metallophone, verschiedene Gegenstände zum Fühlen, z.B. Watte, Stein, Radiergummi, Stift, Spitzer, Feder, Moos, Flasche, Zweig, Zapfen...

Hinweise zur Unterrichtsgestaltung

– **„Meine Hände fühlen"**

- Wahrnehmungs-/Ruheübung: (vgl. Anhang 2, S. 18)
- Fühlspiel: Im Sitzkreis/am Gruppentisch ertasten die Kinder mit verbundenen Augen verschiedene Gegenstände. Gegenseitig beschreiben sie sich die Eigenschaften ihres Gegenstandes und erraten schließlich seine Bezeichnung; der Partner kontrolliert.
- Alle schließen die Augen und formen die Hände zu einer Schüssel. Die Lehrerin legt sacht einen Wattebausch hinein.
- Atemspiel mit Watte: die Watte vorsichtig in die Luft pusten und wieder fangen
- **Lied „Meine Hände fühlen"** über Vor- und Nachsingen einstudieren; dabei den Melodieverlauf (die Tonhöhen) mit dem Wattebausch in die Luft „malen"

- Begleitung

Met. 1:

Met. 2:

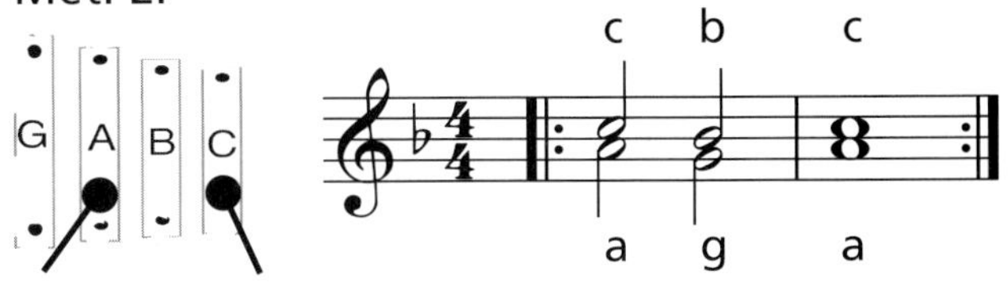

- **Sprechvers** „Ist es hart oder weich..." sprechen oder im selbst erfundenen „Singsang" vortragen

– **Weitere „Fühlspiele"**

- „Black box": Eine Schachtel mit schmalem Eingriff wird täglich neu befüllt. Die Kinder ertasten den zu erratenden Gegenstand und schreiben seinen Namen auf. Am Ende der Schulwoche wird das Rätsel gelöst.
- „Ringlein, Ringlein, du musst wandern": Die Kinder stehen im Kreis. In ihren Händen halten sie eine Schnur. Darauf aufgefädelt ist ein Ring, der - ohne hinzusehen - heimlich von Hand zu Hand weitergegeben wird. Dazu spricht die Klasse:

  „Ringlein, Ringlein, du musst wandern von dem einen zu dem ander'n. Das ist lustig, das ist schön, lasst das Ringlein nur nicht seh'n!"

  Ein „Detektiv" beobachtet das Geschehen von der Mitte des Kreises aus. Seine Aufgabe ist es, den „gestohlenen" Ring wiederzufinden.

Das Gespensterhaus

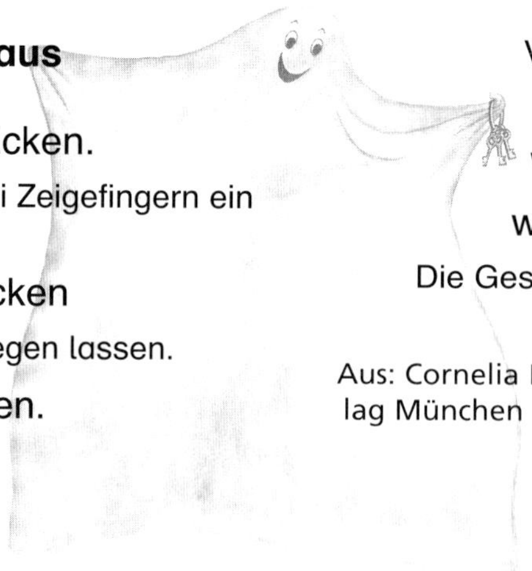

Mein Haus hat vier Ecken.

Mit Hilfe von zwei Daumen und zwei Zeigefingern ein Quadrat bilden.

Geister sich verstecken

Die Arme wie ein Gespenst fliegen lassen.

in diesen vier Ecken.

Vier Finger in die Luft halten.

Ich öffne die Fenster –

Wieder das Quadrat zeigen.

weg sind die Gespenster.

Die Gespenster aus den vier Ecken pusten.

Aus: Cornelia Nitsch: Zehn kleine Fingerchen, Mosaik Verlag München 1994, S.16. © Falken Verlag Niedernhausen

Meine beiden Hände drehn sich rundherum

Text: Lore Kleikamp/Musik: Detlev Jöcker

2. Meine Hände heben sich und sind ganz schwer,
   fangen an zu pendeln, immer hin und her.
Refrain: Dei di dei di dei di dideldum!
   Dei di dei di hoppsasasa.
   Fangen an zu pendeln, immer hin und her.

3. Meine Finger strecken sich nun alle zehn,
   dann sind sie ganz plötzlich gar nicht mehr zu sehn.
Refrain: Dei di dei di dei di dideldum...
   dann sind sie gar nicht mehr zu sehn.

4. Alle meine Finger laufen leis und schnell,
   vor, zurück, zur Seite und auch auf der Stell.
Refrain: Dei di dei di dei di dideldum...
   vor, zurück, zur Seite und auch auf der Stell.

5. Alle meine Finger gehen zum Daumen dick,
   immer nacheinander, vor und auch zurück.
Refrain: Dei di dei di dei di dideldum...
   immer nacheinander, vor und auch zurück.

6. Alle meine Finger tippen leicht sich an.
   Ob denn wohl ein jeder sich auch treffen kann?
Refrain: Dei di dei di dei di dideldum...
   Ob denn wohl ein jeder sich auch treffen kann?

7. Meine beiden Hände schütteln sich und ruhn,
   müssen jetzt zusammen etwas andres tun.
Refrain: Dei di dei di dei di dideldum...
   müssen jetzt zusammen etwas andres tun.

Aus Buch, CD und MC: Mile male mule, ich gehe in die Schule. Alle Rechte im Menschenkinder Verlag, 48157 Münster.

wolf verlag - Best.-Nr. 01401

Ein Märchen

Ich erzähl' ein Märchen
vom Klärchen.
Das Klärchen
hat Löckchen
und Glöckchen
am Röckchen,
und sie wohnt
auf dem Mond.

Wirklich wahr,
Klärchen ist unsichtbar!

Mit dem Zeigefinger das unsichtbare Klärchen auf den Tisch malen

Aus: Cornelia Nitsch: Zehn kleine Fingerchen, Orbis Verlag München 1994, S.39. © Falken Verlag Niedernhausen

Die Geschichte von Maxe

Maxe will sich gleich was trau'n.
Maxe will heut' Pflaumen klau'n.
Maxe kraxelt auf den Baum.
Maxe schafft das Klettern kaum.
Maxe erreicht die Spitze.
Maxe stöhnt: „Wie ich schwitze!"
Maxe ist die Tour geglückt.
Maxe eine Pflaume pflückt.
Maxe – aus ist der Traum –
Maxe fällt vom Pflaumenbaum.

Den linken Ellenbogen auf den Tisch stützen. Die Hände ausstrecken, die Finger spreizen: Das ist der Pflaumenbaum. Dann zwei Finger der rechten Hand als Klettermaxe auf den Baum steigen lassen und die Geschichte nachspielen.

Aus: Cornelia Nitsch: Zehn kleine Fingerchen,
Orbis Verlag München 1994, S. 39. © Falken Verlag Niedernhausen

wolf verlag - Best.-Nr. 01401

Die gelben Tüten

Lernziele/-inhalte

- Mit szenisch-musikalischen Mitteln einen Konflikt aus dem Sozialbereich („Wir und die anderen") darstellen

Unterrichtsmittel

Schülerbuch, P 10, Instrumente des kleinen Schlagwerks, gelb, blau und grün bemalte Tüten

Hinweise zur Unterrichtsgestaltung

– Die Geschichte in **Teilabschnitten „erspielen"**
  - **Szene 1:** Die blauen Tüten bitten die gelben Tüten inständig, mitspielen zu dürfen, werden aber vehement abgewiesen.
  - **Szene 2:** Die grünen Tüten werden ebenfalls abgewiesen.
  - **Szene 3:** Fortsetzung bzw. Schluss
    – gemeinsam eigenständig erfinden: z.B.: Einer aus der Gruppe der gelben Tüten überredet seine Freunde, die grünen Tüten mitspielen zu lassen...
    – an Hand der Bilder im Schulbuch S. 11 die Geschichte szenisch weiterführen: Die gelben Tüten werden „handgreiflich"; es entsteht ein Handgemenge, die Tüten fallen zu Boden; alle stellen fest, dass sie sich ohne Tüten nicht mehr fremd sind...

– Die Geschichte **musikalisch ausgestalten**
  - Die rhythmisierten Texte und die jeweils folgenden Klang- und Vokalaktionen in das Spiel einbeziehen; dabei die jeweils passenden Instrumente von den Kindern selbst auswählen lassen
  - Zum Abschluss das **Lied „Miteinander"** gemeinsam singen

– Die Geschichte bei einem Elternabend vorspielen

Anmerkung zu den Tüten: Günstig ist es, die Öffnung jeweils mit Hilfe eines Kreppbandes der Kopfgröße des Kindes anzupassen.

Dideldudeltanz

Lernziele/-inhalte

- Ein Spiel- oder Tanzlied singen und gestalten
- Auf andere Kinder reagieren und deren Bewegungen nachvollziehen
- Bewegungsabläufe erfinden

Unterrichtsmittel

Schülerbuch, Bewegungsvorschläge zum Dideldudeltanz (AH 3, S. 23), Krone für den König

Hinweise zur Unterrichtsgestaltung

– Die Kinder **singen das Lied** und verwenden dabei **Klanggesten.**
  - Der/die Lehrer/in erzählt/singt die Strophe. Beim Refrain sprechen/singen die Kinder mit.
  - Zum Refrain finden die Kinder verschiedene Klanggesten und vollziehen sie mit. Anschließend werden sie auch mit einem Partner ausgeführt.
  - Das Lied wird im Ganzen gesungen.

– Die Kinder **gestalten den Dideldudeltanz.**
  - Zu zweit erfinden sie viele Möglichkeiten, sich beim Gehen, Hüpfen ... zu berühren: an den Fingerspitzen, an den Ellenbogen, an den Fußspitzen, an den Knien, an der Stirne oder Nase usw. (siehe Schülerbuch S. 12 und AH 3, S. 23).
  - Das Lied wird gesungen. Die Kinder tanzen paarweise um den König, der in der Mitte steht, herum. Zum **Refrain** tanzen sie so, wie es der **König befiehlt:** Er deutet auf sein Knie und sie hüpfen, sich am Knie berührend, um den König herum.
  - Danach regiert ein neuer König im Dideldudelland: Das Spiel beginnt von vorne.

wolf verlag - Best.-Nr. 01401

Ein Haus voll Musik

Lernziele/-inhalte

- Anlässe für Musik in der nächsten Umgebung „orten"
- Unterscheiden zwischen Musik „live" – aus Medien; Musik gesungen – instrumental
- Mit dem Kassettenrecorder umgehen lernen

Unterrichtsmittel

Schülerbuch, 2 – 9, Legekärtchen (AH 4, S. 25) Kassettenrecorder mit Mikrofon

Hinweise zur Unterrichtsgestaltung

- Die **Bilder** mit den verschiedenen dargestellten musikalischen Aktivitäten beschreiben (Vater singt in der Badewanne, Kinder feiern bei Musik aus dem CD-Player Kinderfasching und tanzen, ein Junge macht mit allerhand Dingen Musik...)
- Die **Hörbeispiele** (2 – 9) den einzelnen Bildern zuordnen
- Das **Plakat für das Kinderkonzert** als Motivation für den Besuch eines entsprechenden Konzerts nutzen. (Anmerkung: In vielen Städten bieten in zunehmenden Maße örtliche Orchester bzw. die örtliche Musikschule eigens für Kinder konzipierte und methodisch aufbereitete Konzertveranstaltungen an, die den Kindern die Welt der Musik nahebringen und eine wertvolle Ergänzung zum Musikunterricht in der Schule darstellen.)
- Die Bilder als Anlass zum Vorstellen der **musikalischen Vorlieben** der Kinder nutzen: Kinder bringen für die Klassen-Faschingsparty ihre Lieblings-CDs mit und stellen sie vor. Einige werden bei der Party „verwertet".
- Kinder in der Klasse, die z.B. bei der örtlichen Musikschule ein Instrument erlernen, **vorspielen** und **ihr Instrument vorstellen lassen**; Instrumentalspieler auch in das Singen und Spielen der Klasse einbinden (z.B. Vorspiele, Zwischenspiele...)
- Zwischen **„Live-Musik"** und **Musik von Medien** (Radio, Fernseher, CD-Player) unterscheiden; für die Zuordnung die Legekärtchen (AH 4, S. 25) verwenden

Musik „live"

Musik von Medien

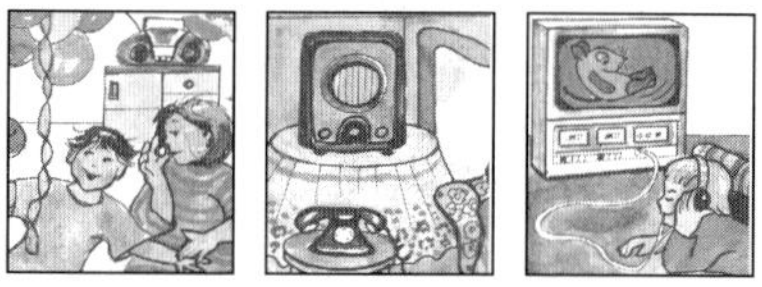

- Zwischen **gesungener** und **auf Instrumenten gespielter Musik** unterscheiden; dafür die Legekärtchen (AH 4, S. 25) verwenden

Gesungene Musik | **Instrumentalmusik**

- Mit dem **CD-Kassettenrecorder** umgehen
  - Funktionen und Begriffe klären, z.B. On-Off-Volume-Play-Stop-Open/Close-Search...
  - Mit dem Kassettenrecorder akustische Ereignisse der Umgebung aufnehmen und gemeinsam die Ergebnisse anhören, z.B.: „Pause in unserer Schule" (Pausengong – im Gang – auf dem Schulhof – Gong zum Pausenende); „Am Straßenrand" (zehn Minuten an einer belebten Straße)

Anmerkung

Der CD-Kassettenrecorder sollte im Musikunterricht nicht nur zur Wiedergabe von Musik eingesetzt werden, sondern auch zum Mitschnitt von musikalischen Aktivitäten wie Schallspielen, Textausgestaltungen, Singspielen usw., die es dann gemeinsam kritisch abzuhören gilt.

wolf verlag - Best.-Nr. 01401

Die Fee im Klangwald

Lernziele/-inhalte

- Das szenisch-musikalische Spiel realisieren
- Dabei die Instrumente des sog. kleinen Schlagwerks näher kennen lernen und ihre Spielweise erproben

Unterrichtsmittel

Schülerbuch, 🎧 P 13, 14, Legekärtchen (AH 5, S. 27), Instrumente des kleinen Schlagwerks, Stabspiele

Hinweise zur Unterrichtsgestaltung

– Das **Lied „Es war einmal"** (Schülerbuch S.16) erlernen und damit den inhaltlichen Hintergrund für das kleine Spiel schaffen

– Die **Instrumente** für den Klangwald kennen lernen

- **Spiel 1:** Alle sitzen im Kreis. Jeder hat ein Schlaginstrument. Einer nach dem anderen zeigt sein Instrument und versucht darauf zu spielen; dabei wird jedes Instrument mit der richtigen Fachbezeichnung benannt und spieltechnisch erprobt (z.B. Handtrommel: abfedernder Schlag vom Fell; Schlagstäbe: lockere Haltung in den Händen; Triangel: Halten des Instruments an der Schlaufe...).
- **Spiel 2:** In Form eines Instrumentenquiz müssen Folgen von Klangimpulsen auf den Instrumenten mit Kärtchen (AH 5, S. 27) gelegt werden; dabei spielt die Lehrkraft diese Impulse für die Kinder nicht sichtbar an der Rückseite des Raumes; Kinder schauen nach vorne.

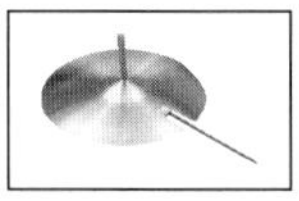
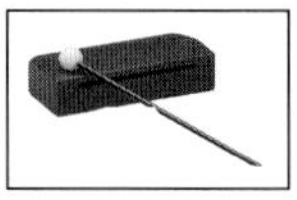
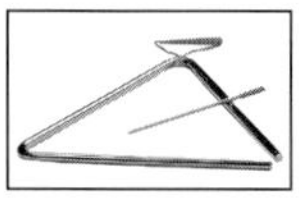
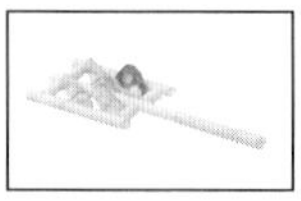

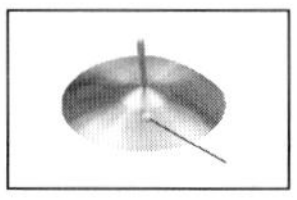

– Das Geschehen im **Klangwald szenisch erproben** (günstig im Gymnastikraum)

- Erproben, wie das Mädchen im Klangwald zwischen den im Raum verteilten Instrumentenbäumen (Kinder mit Instrumenten) auf „verschlungenen Wegen" umherirrt und von diesen beim Vorbeigehen begrüßt wird,

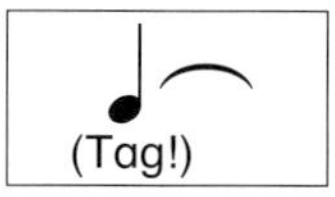

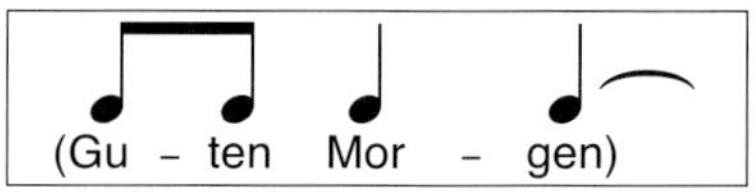

oder mit einer freien Klangaktion kurz begleitet wird;

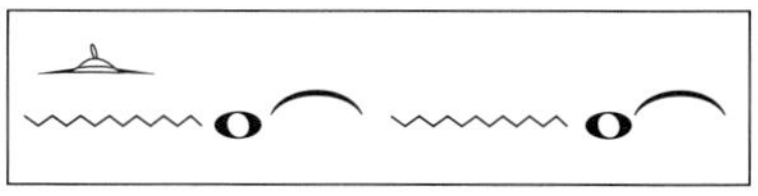

dabei darauf achten, dass alle Klangaktionen stets „sensibel" erfolgen (Im Klangwald geschieht alles geheimnisvoll.)

- Erproben, wie die Fee mit dem Mädchen durch den Klangwald geht und nach und nach die Instrumentenbäume zum dauerhaften Klingen bzw. zum Verstummen bringt

– Die **gesamte Geschichte** spielen; dabei auch das Lied (1. und 2. Strophe) einbeziehen (mit Begleitung; siehe Anhang unten: „Entwicklung einer Ostinato-Stabspielbegleitung") Erzähler ist die Lehrkraft.

– Erproben, wie die Fee mit den Instrumentenbäumen Musik macht; Zeichen der Fee:

erhobene Arme	→	spielen
gesenkte Arme	→	pausieren
Heben der Arme	→	immer lauter
Senken der Arme	→	immer leiser

Anhang: Entwicklung einer Ostinato-Stabspielbegleitung

- Ausgegangen wird von einem prägnanten, sich ständig wiederholenden Sprachmotiv.
- Dieses wird mit Klanggesten mitgespielt (z.B. auf „Kniexylophon"; möglichst in Analogie zum Stabspielsatz) und auf das Stabspiel übertragen (Benötigte Klangplatten „markieren"!).

Sprachmotiv → Klanggesten → Stabspiele

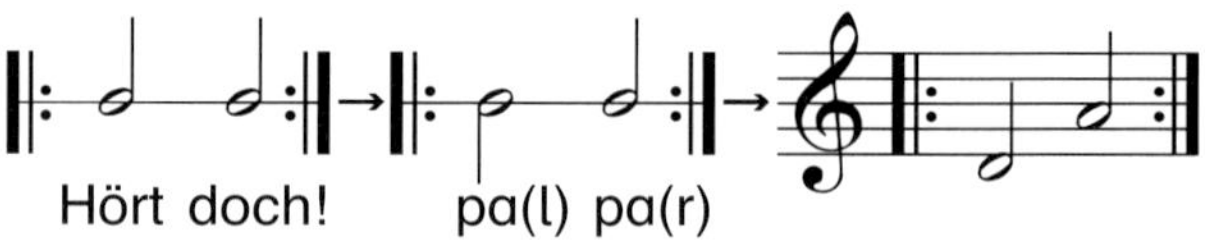

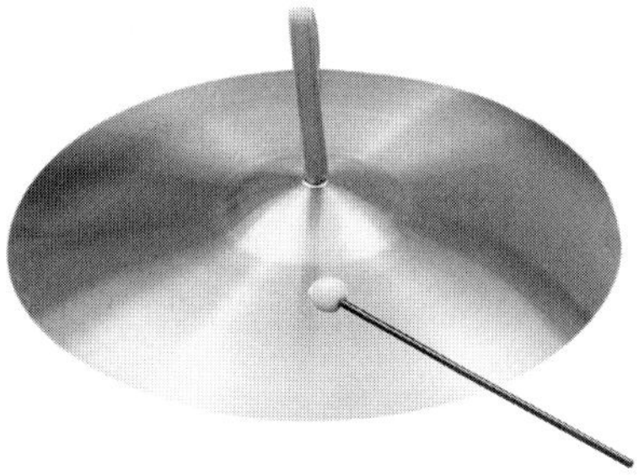
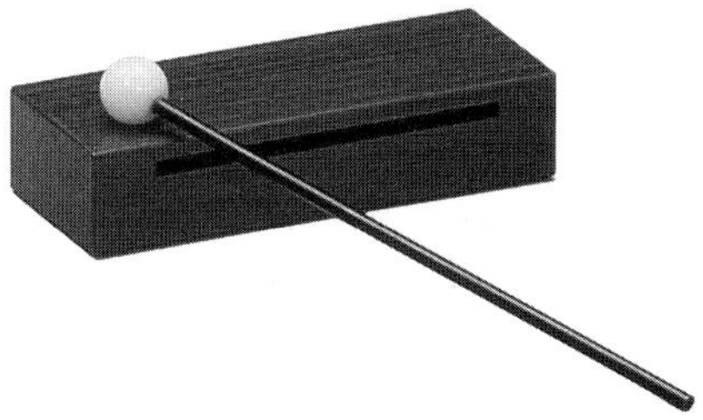

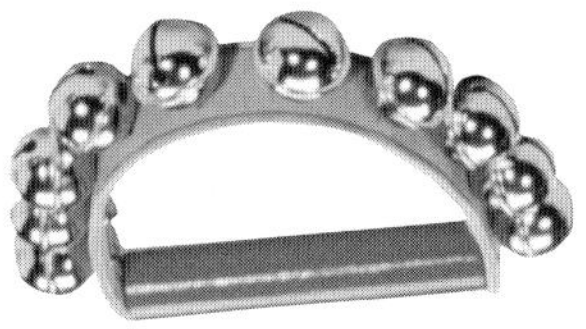
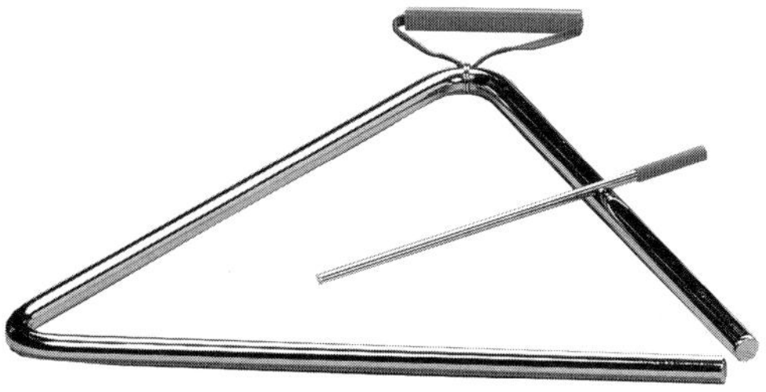

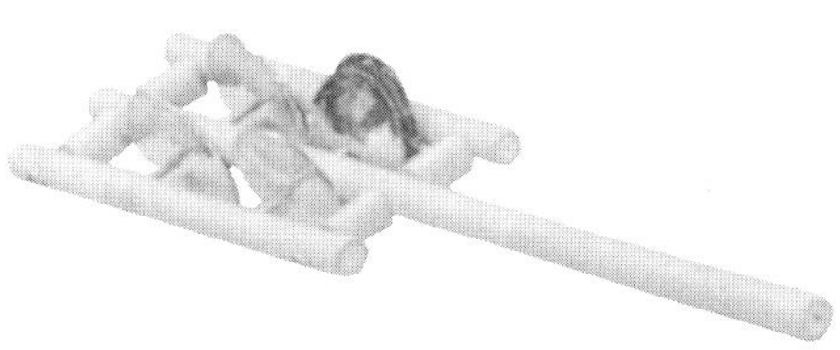

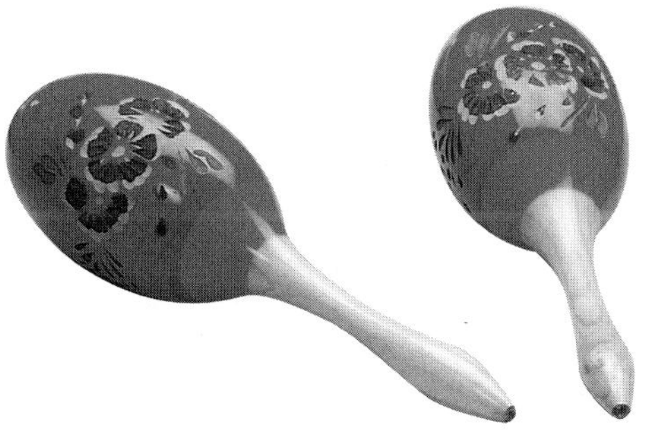

Wind, Wind, sause
– Sausewind, Brausewind –

Lernziele/-inhalte

- Ein Lied in einer Moll-Tonart mit Begleitung singen und gestalten

Unterrichtsmittel

Schülerbuch, P 15, Orff-Instrumente

Hinweise zur Unterrichtsgestaltung

– Die Kinder **gestalten mit der Stimme den Wind** (vgl. Seite 18: Blätter mit Windgeräuschen).
  - Kurze Windstöße f-f-f und leichte Brise: sss oder schschsch oder www
  - Heulwind; glissando und loopings; huiiiiiii
  - Sturmwind: puuh, ffsssschschsch in crescendo und decrescendo

– Die Kinder **gestalten mit Instrumenten den Wind** (crescendo und decrescendo).
  - Handtrommel reiben und kratzen
  - Sandrasseln schütteln (Sandröhren und Regenmacher)
  - Glissando spielen auf den Stabspielen

– Die Kinder **hören die Melodie.** Sie wird
  - auf einer Flöte ö. Ä. über der Begleitung g – d (rhythmischer Baustein Blät-ter) und
  - über Metallophonglissando und Reiben auf Handtrommeln kennen gelernt.

– Die Kinder **erfahren und erlernen den Text.** Er ist wie ein Wunsch oder ein Traum gestaltet: „... lass mich mit dir fliegen..."
  - Eine Gruppe flüstert wie der Wind als rhythmischer Ostinato „Sausewind, Brausewind" und überträgt ihn auch leise auf Handtrommeln.
  - Die andere Gruppe erlernt den Text durch Vor- und Nachsprechen, durch Flüstern (mit crescendo und decrescendo, mithilfe von Gesten und Bewegungen (wie Bäume biegen, Blätter schütteln, schlechtes Wetter ...)

– Die Kinder **erlernen die Melodie.**

  Der Wind fegt über das ganze Land.
  - Die Kinder zeigen die Melodielinie als Berge und Höhen mit (Eigenschaften der Melodie feststellen).
  - Sie singen in Gruppen einzelne Phrasen nach.
  - Einzelne Kinder oder Gruppen singen als Echo der ganzen Klasse die Phrasen nach.

– Die Kinder **erlernen die Begleitung.** Rhythmische Bausteine dienen als rhythmische Hilfe:

Xylophone:

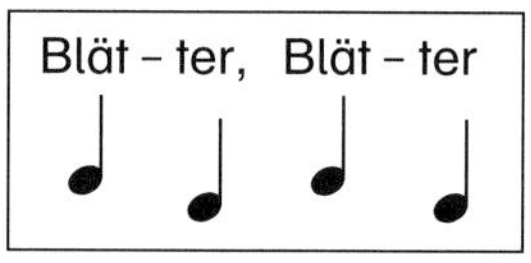

Metallophone:

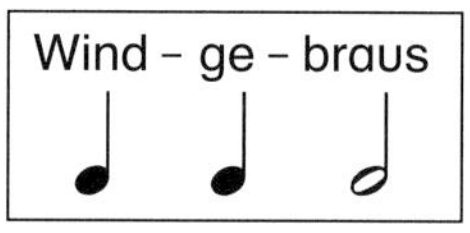

In folgender Reihenfolge:

1. Alt-Metallophon: g – a – b

2. Alt-Metallophon: b – c – d

3. Sopran-Metallophon: d – f – d

Kleines Schlagzeug:

Becken:

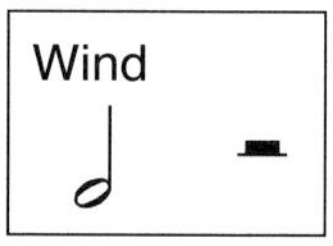

Handtrommel:

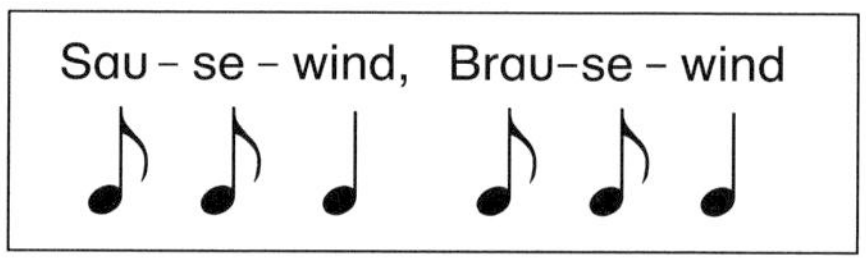

Zusatzstimme für Blockflöte oder Glockenspiel:

– **Anregungen für die Gesamtgestaltung**
  - Windgeräusche mit Stimme und kleinem Schlagzeug als Vor- und Zwischenspiel
  - Stabspielbegleitung setzt nacheinander ein: Xylophone, Metallophonstimmen einzeln
  - Singen des Liedes und Bewegung zum Lied analog des Textes

– **Das Spiel vom Sausewind** (Seite 19)
  - Eine Gruppe der Klasse sitzt im Kreis, die andere in der Mitte des Kreises.
  - Die Kinder im Kreis geben sich verschiedene Windgeräusche weiter (crescendo und decrescendo usw.). Die anderen lauschen mit geschlossenen Augen. Danach wird gewechselt.

Nebelhauch

Lernziele/-inhalte

- Sich in die Herbst- und Nebelstimmung einfühlen
- Stimmspiele als vorbereitende Übung
- Ein Lied singen, den Verlauf der Melodie erfassen und begleiten
- Bewegungen zum Lied auf ein Bild übertragen

Unterrichtsmittel

Schülerbuch, P 16, Chiffontücher, Klangbausteine (D, F, G, A, C), Stabspiele, Papierbögen, Wasserfarben

Hinweise zur Unterrichtsgestaltung

– **Die Kinder laufen durch den Nebel.**
  - Einige Schüler stehen verteilt im Raum (= Bäume und Sträucher). Sie halten Klangbausteine mit den Tönen D, F, G, A, C in den Händen. Sie spielen sie vereinzelt.
  - Die übrigen Kinder verteilen sich paarweise im Raum. Ein Kind führt das andere, das die Augen geschlossen hält, mit den Handinnenflächen (Variation: Fingerspitzen, Außenflächen der Unterarme...).

– **Atem- und Spielübungen im Nebel**
  - Die Schüler versuchen, den Nebel sacht wegzublasen (www, fff, schschsch...).
  - Einzelne Schüler rufen Worte oder Sätze in den Nebel hinein und stellen sich dabei vor, wie es wohl klingen könnte.
  - „Nebel, wie klingst du?", fragen die Schüler vorsichtig. Der Lehrer oder einzelne Schüler antworten mit den Nebeltönen (Schülerbuch S. 20/A1). Diese werden auf den Klangbausteinen oder Stabspielen gespielt. Alle singen die Nebeltöne mit Text.

– **Die Schüler lernen das Nebellied.**
  - Der Lehrer singt jeweils 2 Takte vor. Die Schüler singen im Echo. Hände und Arme werden hierzu weich bewegt. Bei den Worten „Hauch, Strauch, Wand, Land, Höhn, seh'n" fliegen die Hände sacht davon.
  - Vergleich der 1. mit der 2. Strophenzeile: Der Nebel bewegt sich weiterhin wallend, steigt aber nach oben.
  - In der 3. Strophenzeile steigt er über die Höhen und fällt wieder ins Tal.

– **Begleitung zum Lied**
  - Mit den erarbeiteten Nebeltönen kann das Lied begleitet werden. Dabei hilft ein durchgängig gespielter Bordun (D-A) auf einem tieferen Instrument, z.B. Bassxylophon.

– **Gestaltung**
  - Am Anfang des Liedes kommt Nebel auf (www, fff, schschsch...); einzelne Nebeltöne sind zu hören, das Lied beginnt.
  - Während des Liedes können wieder Schüler blind durch die Menge der musizierenden und singenden Kinder geführt werden.
  - Am Ende des Liedes erklingt ein Becken: Die Sonne bricht durch.

– **Die Schüler setzen die Bewegung zum Lied in Bilder um.**
  - Alle musizierenden und malenden Schüler sitzen in einem Außenkreis. In der Kreismitte bewegen sich tanzende Kinder mit Chiffontüchern zur Musik.
  - Die Bewegungen der Tücher werden von den malenden Kindern auf einem Bogen Papier festgehalten.

    Tipp: 3er-Gruppen bilden. So können sich jeweils 3 Schüler beim Tanzen, Musizieren und Malen abwechseln, damit ein Gruppenbild entsteht.

Nebel
Ein Vorhang aus Luft
und Duft
gewoben,
und wie der Wind
geschwind
zerstoben

Friedrich Güll: Ich sag dir nicht, was ich dir sage, in: Rätsel deutscher Dichter. Langewiesche-Brandt, Ebenhausen 1964

Was der Nebel fertig bringt

Er setzt jedem Busch einen Zauberhut auf,
und die Büsche sind nicht mehr zu sehen.

Er setzt jedem Baum einen Zauberhut auf,
und die Bäume sind nicht mehr zu sehen.

Er setzt jedem Haus einen Zauberhut auf,
und die Häuser sind nicht mehr zu sehen.

Er setzt jedem Berg einen Zauberhut auf,
und die Berge sind nicht mehr zu sehen.

Setzt er sich dann selbst einen Zauberhut auf,
ist der Nebel nicht mehr zu sehen –

und Berge und Häuser fern und nah
und Bäume und Büsche sind wieder da!

Hans Baumann: Wer Flügel hat, kann fliegen, Ensslin & Laiblin, Reutlingen 1966

Schülerbuch, Seite 22 / 23

Kastanienspiele

Lernziele/-inhalte

- Ein Kastanienmuster in Klänge umsetzen (Klangspiel)
- Rhythmische Bausteine nachspielen und selbst erfinden
- Einen Sprechvers rhythmisch richtig wiedergeben
- Ein Lied singen, begleiten und gestalten

Unterrichtsmittel

Schülerbuch, 10 – 12, P 17, Kastanien

Hinweise zur Unterrichtsgestaltung

- **Die Kinder erraten ein Hörrätsel** (10) oder
- **Die Schüler sitzen im Kreis** mit ineinandergelegten Händen am Rücken. Der Lehrer gibt in jede Schülerhand eine Kastanie, die ertastet werden kann.
- **Die Kinder bringen Kastanienmuster zum Klingen.**
  - Sie fühlen, betrachten und beschreiben ihre Kastanie.
  - Jedes Kind stellt sein Muster der Klasse vor, mit Stimme oder Xylophon.
  - Gemeinsamkeiten und Unterschiede können festgestellt werden.
  - Der Lehrer oder ein Kind spielen ein Muster der Kastanien von S. 22 im Schülerbuch vor. Der Rest der Klasse darf raten.
- **Die Kinder spielen Kastanienrhythmen.**
  - Die Kinder sitzen im Kreis und geben einen

wolf verlag - Best.-Nr. 01401

Schlag mit der Kastanie auf den Boden im Uhrzeigersinn weiter (schnell/langsam, laut/leise, gleichmäßig...).

- Hörbeispiel 11, 12 mit anschließendem Vor- und Nachklopfen
- Echoklopfen: Lehrer und Schüler wechseln sich in der Führungsrolle ab.

– **Die Schüler lernen den Sprechvers.**

- Der Lehrer klopft und spricht die einzelnen Takte vor. Die Schüler sprechen nach.
- Mit der Kastanie in der rechten Hand wird der Sprechvers im Rhythmus auf den Boden oder auf den Tisch geklopft. In der Viertelpause in Takt 2, 3 und 4 wird die Kastanie auf die linke Innenhand / den Handrücken geschlagen.
- Nacheinander: Sprechvers sprechen, sprechen und klopfen und nur klopfen
- Schülerbuch S. 22, Aufgabe 2
- Der Rhythmus kann auf der pentatonischen Tonleiter auf dem Xylophon gespielt werden (Töne F, G, A, C, D). Ein kleines „Kastanienstück" entsteht, das als Vorspiel für das Lied verwendet werden kann.

– **Die Schüler lernen das Kastanienlied.**

- Der Lehrer spielt die erste Strophe des Liedes auf Seite 23 des Schülerbuchs pantomimisch vor. Die Schüler ahmen nach.
- Die Textstelle „...in einem grünen Stachelkleid..." kann mit zwei ineinandergefalteten Händen gezeigt werden, wobei die Finger abgespreizt werden.
- Zur pantomimischen Darstellung wird der Text rhythmisch gesprochen.
- Die Melodie wird durch Vor- und Nachsingen erlernt.
- Schülerbuch S. 23, Aufgabe 1 und 2
- Aus den nachfolgenden rhythmischen Bausteinen können Begleitungen auf dem Xylophon erfunden werden:

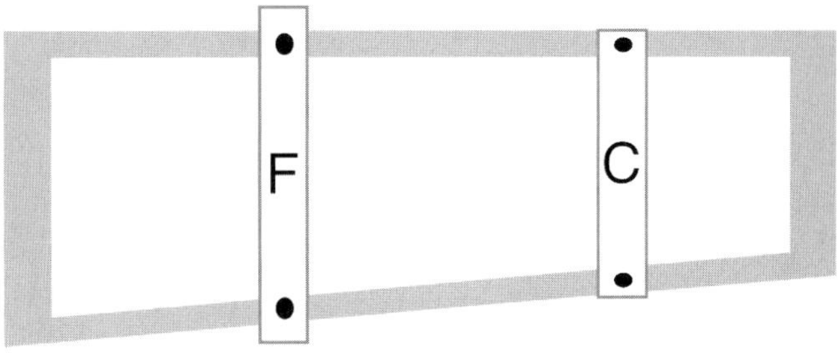

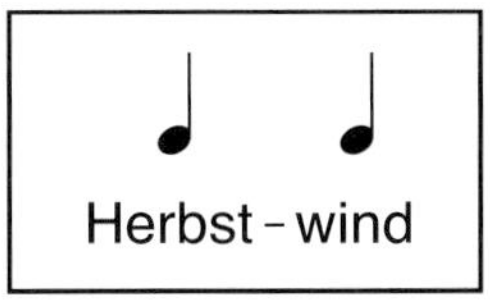

Metallophon:
Töne F – C

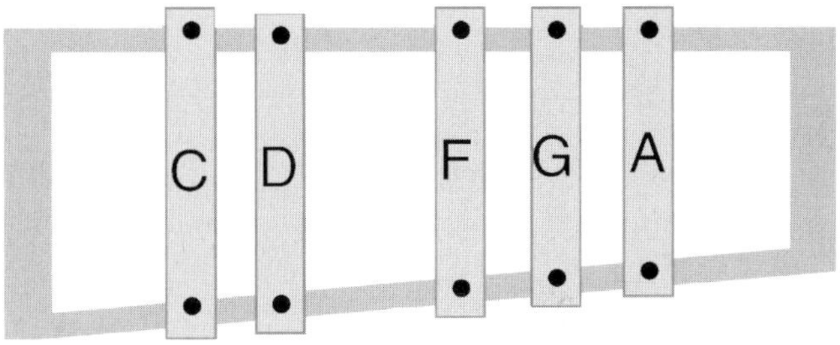

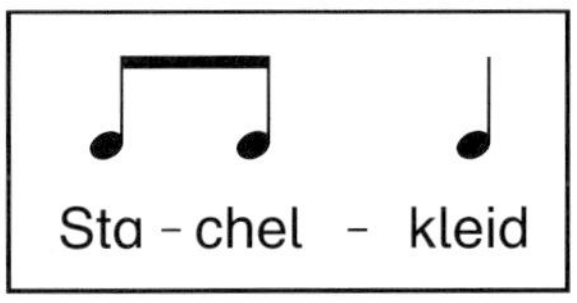

Xylophon:
Töne C D F G A

– **Anregung zur Ausgestaltung**

- Kastanienmuster auf den Stabspielen zum Klingen bringen
- Stabspielbegleitung setzt ein.
- Kinder singen mit einer Kastanie in der Hand beide Strophen des Liedes.
- Das Lied verhallt langsam. Die Stabspiele hören mit der rhythmischen Begleitung auf. Am Ende erklingen noch einmal die Kastanienmuster.

– **Kastanienmassage**

- Die Schüler betrachten das Muster ihrer Kastanie und malen dieses in großen Bewegungen auf den Rücken ihres Partners. Dazu passt eine ruhige Entspannungsmusik.

Kastanientanz

Lernziele/-inhalte

- Mit einem Objekt aus der Natur spielerisch umgehen
- Die Körpergeschicklichkeit fördern
- Die Dreiteiligkeit (Vorspiel, A- und B-Teil) der Musik hören, erkennen und in Bewegung umsetzen
- Einen eigenen freien oder einen gebundenen Tanz (siehe Schülerbuch) gestalten

Unterrichtsmittel

Schülerbuch, 13, Kastanien für jedes Kind, Kastanienblatt, Kastanienschale und Kastanie für die drei Teile der Musik (möglichst für jede Gruppe) oder die auf Fotokarton kopierten Teile (AH 7, S. 33), evtl. Klangstäbchen (Claves) o. A.

Hinweise zur Unterrichtsgestaltung

– Die Kinder **probieren Kunststücke mit den Kastanien aus** (Vorgabe: Es darf die Mitschüler nicht stören oder verletzen).
  - Werfen und fangen, kullern, zwischen den Händen rollen, unter dem erhobenen Knie nach oben werfen, mit den Zehen hoch heben, unter dem Fuß rollen, auf dem Kopf balancieren u. v. a. m.
  - Einzelne Kunststücke werden vorgeführt und von den anderen Kindern nachgeahmt.

– Die Kinder **hören die Musik** und **setzen** sie mit den Kastanien **in Bewegung um.**
  - Die Kinder stehen verteilt im Raum: Sie hören auf die Musik und suchen sich für die einzelnen Teile der Musik jeweils andere passende Kunststücke mit den Kastanien aus. Bei den einzelnen Durchgängen können bzw. sollten diese Bewegungen immer wiederholt werden. Durch Zuruf, eine Klanggeste oder einen Klangstäbchenschlag kann das Erkennen der einzelnen Teile erleichtert werden.

– Die Kinder **sitzen in Gruppen oder im Kreis** mit der ganzen Klasse.
  - Zu den einzelnen Teilen der Musik legen sie „Teile" des Kastanienbaumes (siehe Schülerbuch S. 24): ein Kastanienblatt zum Vor- bzw. Zwischenspiel, eine Kastanienschale zum A-Teil, eine Kastanie zum B-Teil oder die auf Fotokarton kopierten und ausgeschnittenen Teile (AH 7, S. 33)
  - Bei den weiteren Durchgängen der Musik deuten sie immer wieder auf Blatt, Schale oder Kastanie beim Zwischenspiel, A- und B-Teil.
  - Zu den einzelnen Teilen klopfen sie verschiedene Grundschläge oder Rhythmen:
    Vorspiel: Viertelnoten,
    A-Teil: halbe Noten,
    B-Teil: 2 Viertelnoten und 1 halbe Note

– Die Kinder **gestalten einen Kastanientanz**
  - entweder **in der Gruppe**
  - oder im Kreis **mit der ganzen Klasse.**

– Vorschläge für die **Gesamtgestaltung:**
  - Zum **Vorspiel** bzw. zum **Zwischenspiel** wählt jedes Kind sein **eigenes Kunststück.**
  - Zum **A-Teil** denken sich die Kinder **eine** Bewegung aus, die sie immer wiederholen können.
  - Zum **B-Teil** können bei jedem neuen Musikdurchlauf neue Bewegungen verwendet werden (siehe Schülerbuch S. 24).

Ablauf der Musik auf der CD:

Vorspiel 4 Takte (4/4 Takt) –

A-Teil 8 Takte,

B-Teil 2x 4 Takte:

Vorspiel – A BB –

Zwischenspiel – A BB –

Zwischenspiel – A BB

Kopieranleitung für AH 7

- Kastanienblatt für das Vorspiel bzw. Zwischenspiel 3x auf gelben Fotokarton kopieren
- Kastanienschale für den A-Teil 3x auf grünen Fotokarton kopieren
- Kastanie für den B-Teil 6x (wegen der Wiederholung des B-Teils) auf braunen Fotokarton kopieren

wolf verlag - Best.-Nr. 01401

Der Herbst ist da
– Herbstgedicht –

Lernziele/-inhalte

- Die Atmosphäre des Gedichts in Klängen mit Stimme und Instrumenten nachempfinden

Unterrichtsmittel

Schülerbuch, Instrumente des kleinen Schlagwerks, Stabspiele (Xylophone, Metallophone), weitere Herbstgedichte (AH 8, S. 35)

Hinweise zur Unterrichtsgestaltung

– Die Kinder **lesen** und **sprechen** das Herbstgedicht von S. 26 im Schülerbuch **gestaltend.** Wichtig dabei ist, dass
  - sie auf die **unterschiedliche** Stimmung der vier Verse achten: 1. und 2. Vers: **langsames Fallen** der Blätter vom Baum; 3. und 4. Vers: **Aufwirbeln der Blätter** durch den Wind
  - sie deutlich und allmählich immer betonter sprechen (Lehrervorbild! Ermutigung und Lob!) und das Gedicht gestalten.

– Die Kinder versuchen, mit **Stimme** und **Instrumenten** das Gedicht **nachzuempfinden.**
  - Zuerst wird mit der **Stimme** der **Wind nachgeahmt** (siehe Sausewind, Brausewind S. 28). Dies kann gleichzeitig der Auflockerung dienen: Durch Atemübungen wird man frisch und konzentriert.
  - Auch das **Rascheln** der Blätter, wenn man durch gefallenes Laub geht, kann mit der **Stimme und evtl. Trommelreiben** oder anderen Instrumenten nachgeahmt werden.
  - Die Kinder suchen sich Instrumente aus (**Schlagwerk** und **Stabspiele**) und spielen vor, wie die **Blätter langsam abwärts (!) fallen.**
  - Schließlich **wirbelt** der Wind die Blätter vom Baum. Er wird auch immer heftiger. **Immer mehr** Instrumente kommen hinzu: Schlaginstrumente und Stabspiele. Dadurch entsteht eine Art **Crescendo** (immer lauter werden).

  Wichtig dabei ist, dass die Kinder erst begründen, welchen Klang sie erzeugen und warum sie ihn so gestalten wollen! Dann holen sie sich das Instrument und spielen vor.

– **Vorschläge für die Gesamtgestaltung**
  - Damit das Sprechen und die Gestaltung mit Stimme und Instrumenten gut zur Geltung kommen, wird man, je nach Klassensituation, **Spielen und Sprechen miteinander abwechseln,** z. B. vielleicht so:
    – Langsames, sachtes Fallen der Blätter auf Instrumenten,
    – Sprechen 1. und 2. Vers,
    – Wirbelwind mit der Stimme,
    – Sprechen 3. und 4. Vers – dazu leichte Wind- und Blätterraschelgeräusche (Stimme und Instrumente),
    – Crescendo des Wirbelwindes mit immer mehr Instrumenten,
    – zum Abschluss Diminuendo (leiser werden) der Windgeräusche.

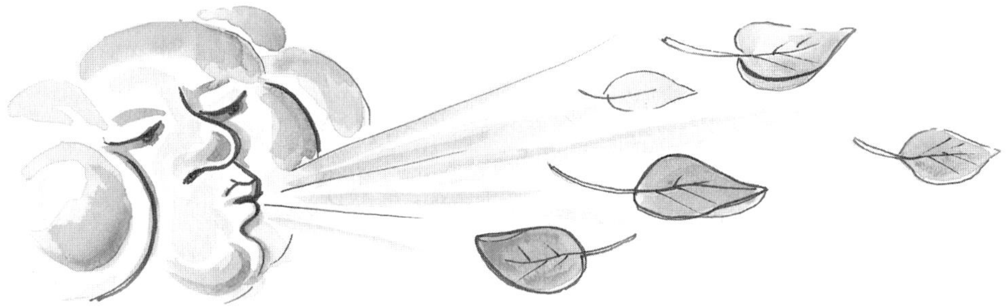

Blättertanz
Unbekannter Verfasser

Ihr Blätter,
wollt ihr tanzen?
So rief im Herbst der Wind.
Ja, ja, wir wollen tanzen!
Ja, ja, wir wollen tanzen!
Komm, hol uns nur geschwind.

Da fuhr er
durch die Äste
und pflückte Blatt um Blatt.
Nun ziehen wir zum Feste.
Nun ziehen wir zum Feste.
Nun tanzen wir uns satt.

Da streut‘ er
ohn‘ Erbarmen
die Blätter wie sich‘s traf.
Da lagen nun die Armen.
Da lagen nun die Armen
und weinten sich in Schlaf.

Da hat
der Winter sachte
mit Flocken sie bestreut.
Und wenn kein Blatt erwachte.
Und wenn kein Blatt erwachte,
so schlafen sie noch heut‘.

Aus: Hans Mozer: Differix-Klassenbibliothek,
Bäume bei uns, Cornelsen Bielefeld 1997

Was singt der Wind?
James Krüss

Was singt der Wind,
was singt der Wind
in Telegrafendrähten?
Muss fort geschwind,
mein Kind, mein Kind,
ich darf mich nicht verspäten!

Was singt der Wind,
was singt der Wind
in den Kastanienkronen?
Wär ich nicht drauß
Im Feld zu Haus,
möcht ich in Kronen wohnen!

Was singt der Wind,
was singt der Wind
am Bachesrand im Röhricht?
Wer sich nicht wiegt,
wer sich nicht biegt,
der bricht, und der ist töricht!

Was singt der Wind,
was singt der Wind
am Abend in den Bäumen?
Schlaf ein, mein Kind,
geschwind, geschwind,
und mögst du friedlich träumen!

Aus: James Krüss, Der wohltemperierte Leierkasten.
© C. Bertelsmann Jugendbuch Verlag München, 1961

wolf verlag - Best.-Nr. 01401

Die Freunde des Herrn Laut und Herrn Leis

Lernziele/-inhalte

- Laut- Leisekontraste beim Sprechen, in der Bewegung, beim Spiel mit Instrumenten, in der grafischen Darstellung erleben

Unterrichtsmittel

Schülerbuch, CD 14, Legekärtchen (AH 9, S. 37), Schlaginstrumente

Hinweise zur Unterrichtsgestaltung

- Über die **Bilder** der Freunde des Herrn Laut und des Herrn Leis sprechen und beschreiben, woran beide zu erkennen sind
- Den **Text** im Schülerbuch S. 30, 31 **gemeinsam sprechen;** dabei deutlich den Laut-Leise-Kontrast mit der Sprache, zusätzlich mit Mimik und Bewegung hörbar bzw. sichtbar machen
- Beim **Verwandlungsspiel** schlagartig die Bewegungsart ändern
- Beim **Bewegungsspiel**
  - sich spontan im Raum zur „Laut-Leise-Musik" bewegen (CD 14)
  - bei weiteren Umsetzungsversuchen der Musik auf exakte Bewegungsreaktionen während der Lautstärkewechsel achten
- Den Ablauf der „Laut-Leise-Musik" **mit Kärtchen legen** (AH 9, S. 37)

- Beim **Orchesterspiel** mit den Schlaginstrumenten genau auf die „Handzeichen" des Dirigenten achten

erhobene Hand → laut
gesenkte Hand → leise

- Die grafische Darstellung der **„Laut-Leise-Musik"** (Schülerbuch S. 31) deuten

laut leise immer lauter immer leiser

- Die **„Laut-Leise-Musik"** vergrößert auf die Wandtafel übertragen und mit den Instrumenten des kleinen Schlagwerks realisieren

  Organisation des Ablaufs: Ein Spielführer bewegt gleichmäßig einen Stab über das Schallbild. Es ist darauf zu achten, dass das Schallspiel in einen „Rahmen der Stille" eingebunden ist.

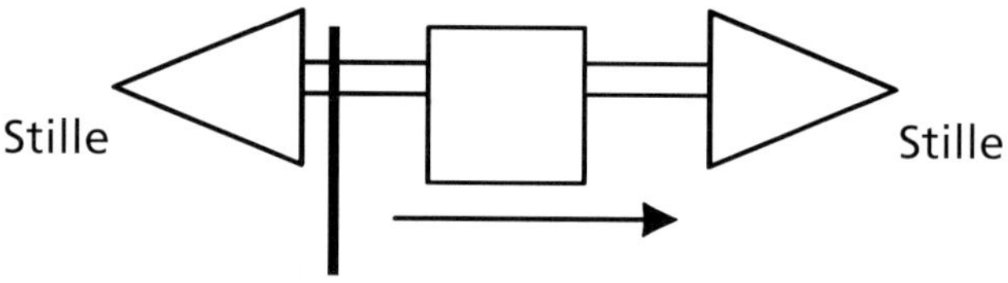

- Mit Papieren gemeinsam eine **„Laut-Leise-Musik"** legen und klanglich realisieren
- Mit dem Text **„Immer näher kommt's"** (siehe unten) die allmähliche Zunahme bzw. Abnahme der Lautstärke erleben; den Text zunächst sprachlich umsetzen, dann den Instrumentalisierungsvorschlag einbringen, schließlich den Text für eine Bewegungsgestaltung verwenden

Immer näher kommt's

Text und Rhythmus: R.Schuhmann

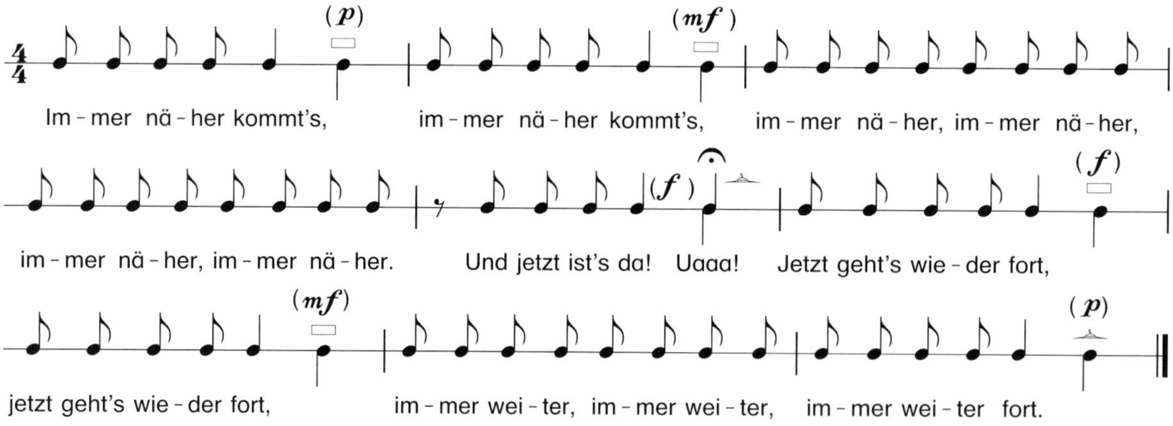

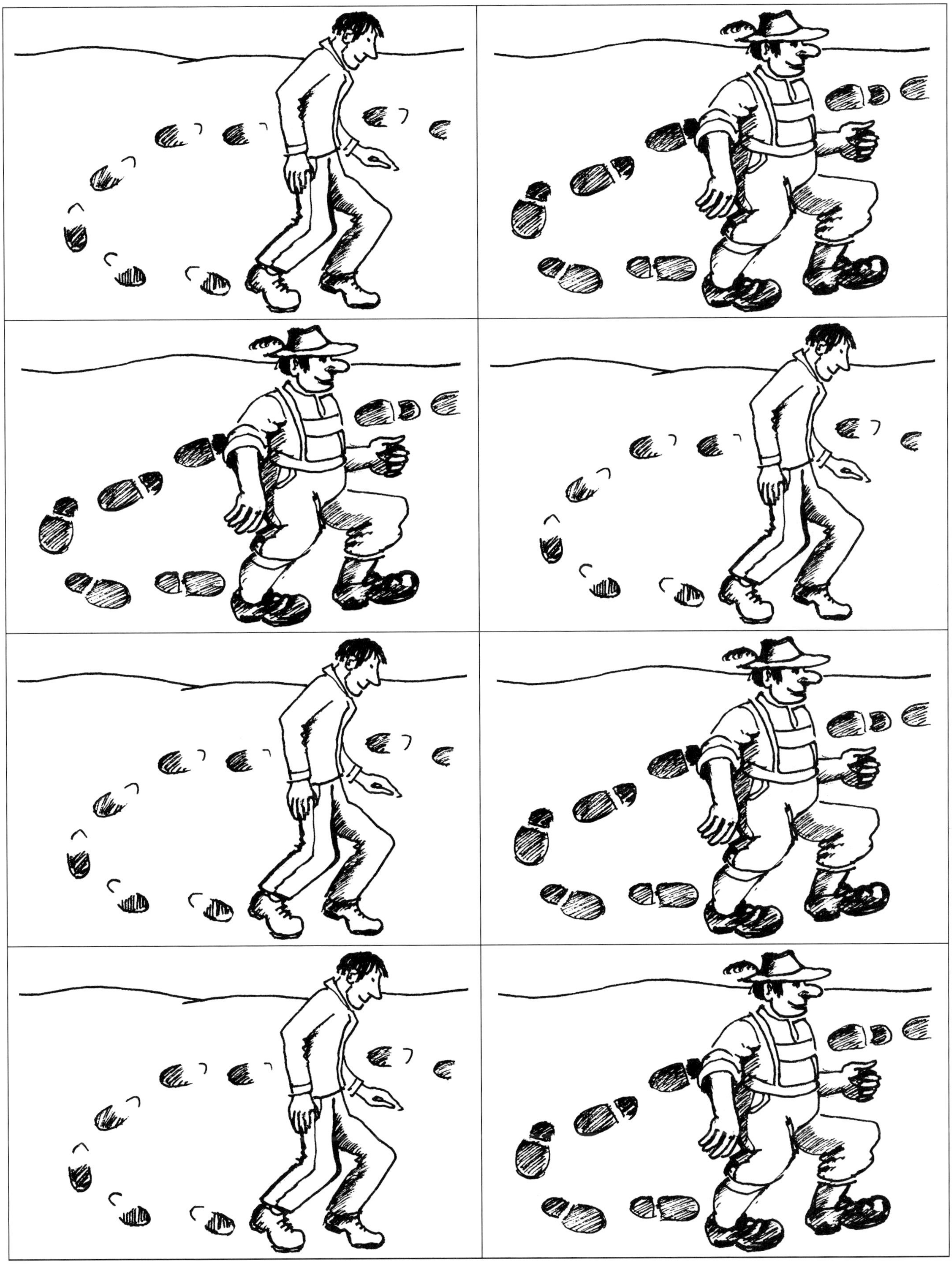

wolf verlag - Best.-Nr. 01401

Lichter für St. Martin

Lernziele/-inhalte

- Eine Geschichte szenisch darstellen und mit Instrumenten verklanglichen

Unterrichtsmittel

Schülerbuch, P 22, Requisiten für das Martinsspiel, gebastelte Laternen, Instrumente des kleinen Schlagwerks und Stabspiele

Hinweise zur Unterrichtsgestaltung

– **Spiel auf Instrumenten**

Die Kinder wählen Instrumente aus, die für folgende Vorschläge möglich wären:

- Das **Reiten des Pferdes:** Trab oder Galopp auf Holzinstrumenten (Klangstäbe, Holzblock und Holzröhrentrommel, evt. Xylophone mit pentatonischer Reihe cd fga)
  St. Martin reitet **von weit daher:** allmählich immer lauter werden (crescendo).
- Ein **eisiger Wind** weht: Windgeräusche mit der Stimme und auf Metallinstrumenten
- Dem Bettler wird **ganz warm:** mit der pentatonischen Reihe cd fga ein langsames, getragenes Motiv mit Zweiklängen und/oder einzelnen Melodietönen erfinden
- Eventuell noch Instrumente für das Stehen des Pferdes und die Mantelteilung

– **Szenische Darstellung**

- Der Lehrer erzählt die Geschichte von St. Martin und spricht mit den Kindern darüber.
- Die mitspielenden Personen St. Martin, der Bettler und evtl. zwei Kinder als Stadttor werden ausgewählt. Sie stellen die Geschichte dar.
- Die anderen Kinder halten gebastelte Laternen in der Hand und singen das Lied von S. 32 des Schülerbuchs.

– **Vorschlag für eine Gesamtgestaltung**

- Die Kinder mit den Laternen stehen im Kreis. Sie singen zu Beginn die erste Strophe des Liedes „Martin, Martin" mit Begleitung.
- Den ersten und zweiten Abschnitt der Geschichte lesen, darstellen und auf Instrumenten spielen
- Die zweite Strophe wird gesungen.
- Der dritte Abschnitt der Geschichte wird gelesen. Anschließend wird das entsprechende Motiv mit Instrumenten gespielt, damit es dem Bettler warm (ums Herz!) wird.
- Zum Abschluss: Singen der 3. Strophe

Weihnachtsboten
– Nikolausgeschichte –

Ähnlich wie bei „Lichter für St. Martin" wird man auch hierbei verfahren. (P 30)

– **Spiel auf Instrumenten:**
Die Kinder spielen auf Instrumenten folgende Textstellen der Nikolausgeschichte von S. 40 im Schülerbuch:

- **Schritte** des Nikolaus: Handtrommeln und evtl. Pauke werden immer lauter.
- **Äpfel, Nüsse ... purzeln:** Instrumente, die das Kullern und Purzeln wiedergeben können (Holz, Rasseln aller Art und Trommeln), evtl. mit einem immer wiederkehrenden rhythmischen Motiv.
- Möglich wäre noch ein rhythmischer Sprechvers, der mit Instrumenten begleitet wird:

  Holler, boller Rumpelsack,
  Niklaus trägt sie Huckepack,
  Äpfel, Nüss' und Mandelkern essen brave Kinder gern.
- **Schritte** entfernen sich: leiser werden.

Laterne, Mond und Sterne
– Laternentanz –

Lernziele/-inhalte

- Die aus drei Teilen bestehende Musik mit Hilfe von drei Bildformen in eine Tanzform umsetzen

Unterrichtsmittel

Schülerbuch, 15-18, gebastelte Laternen aus Goldfolie (Bastelanleitung siehe unten, Schablonen AH 10, S. 40)

Hinweise zur Unterrichtsgestaltung

– Die Kinder **betrachten** in größter Ruhe ihre **Laternen** und **lauschen der Musik.**
  Damit dies gelingt, könnte man mit einer **Fantasiereise** beginnen:
  ... Unser Blick ruht auf unserer Laterne. Wir betrachten die drei Bilder: das Herz, den Mond, den Stern. Aus allen dreien strahlt ganz warm das Kerzenlicht. Wir nehmen dieses Licht in uns hinein, so dass es uns wärmt und uns ganz erfüllt. Wir spüren, dass es ganz hell und warm in uns wird. Wir sind auch so strahlend hell und wärmend wie unsere Laterne. Wir fühlen uns sehr wohl ...

– Die Kinder **hören genau** auf die Musik.
  - Zu den einzelnen Teilen der Musik deuten sie jeweils auf Herz, Mond oder Stern (siehe Schülerbuch S. 34).
  - Der/die Lehrer/in kann durch einen Triangel- oder Fingercimbelschlag helfen, dass die Kinder die Teile erkennen.
    Hinweis: Vielleicht wurde die Musik beim Basteln der Laternen vorgespielt, so dass sie den Kindern schon etwas vertraut ist.

– Die Kinder versuchen, die **Tanzschritte** ohne die Raumform des Kreises auszuführen und zu üben.
  Es ist ratsam, den Tanz nicht auf einmal, sondern evtl. jeden Tag einen Teil, einzuüben.
  - Zum A-Teil = „Herzmusik" gehen die Kinder mit langsamen Schritten allein im Raum umher (je nach Klassensituation mit oder ohne Laterne). Bei der Wiederholung gehen sie in die andere Richtung.
  - Beim B-Teil = „Mondmusik" stehen die Schüler zu zweit nebeneinander. Wie im Buch beschrieben, führen sie die Schritte aus.
  - Zum C-Teil = „Sternenmusik" stehen die Kinder zu viert = Paar A und Paar B (siehe Zeichnung Schülerbuch). Paar A beginnt nach vorne zu gehen (später Kreismitte); Paar B schreitet anschließend rückwärts, wie es in der Tanzbeschreibung im Schülerbuch steht.

– Sind diese Einzelteile sicher, können die Kinder **mit den Laternen die Tanzform im Kreis** ausführen.
  Wichtig dabei ist, dass von den Kindern selbst eine große Ruhe ausgeht, so dass eine sehr feierliche Atmosphäre entsteht.

Bastelanleitung

- Man benötigt ein rechteckiges Stück Goldfolie.

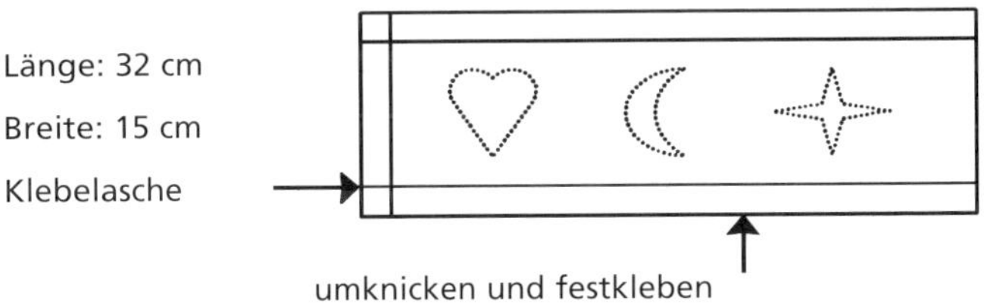

- Mit Schablonen (AH 10, S. 40) Herz, Mond und Stern aufzeichnen; auf dicken Lagen Zeitungspapier mit einem Stichel, einer dicken Nadel o. Ä. kleine Löcher entlang der vorgezeichneten Linien stanzen; die Folie zu einem Zylinder formen und zusammenkleben
- Beim schon vorbereiteten Boden der Laterne Klebelaschen einschneiden und falzen und an die Zylinderform ankleben

- Ein Teelicht in die Laterne stellen und festkleben

Mit diesen Schablonen können die Löcher in die Goldfolie gestanzt werden.
Gleichzeitig können sie als Legefiguren für die Form der Musik auf Tonpapier kopiert werden.

wolf verlag - Best.-Nr. 01401

Laterne, Mond und Sterne
– Kommt der Mond –

Lernziele/-inhalte

- Eine Sternen- und Mondmusik auf Metallinstrumenten (Metallophone, Glockenspiele, Triangeln, Fingercimbeln, Becken) erfinden
- Den Text und die Melodie eines Liedes erleben und erlernen
- Eine einfache Begleitung nachvollziehen

Unterrichtsmittel

Schülerbuch, P 25, runde Laterne und selbstgebastelte Laternen, Bilder wie im Schülerbuch für die Tafel (siehe unten), Instrumente (Stabspiele, Becken, Triangel, Fingercimbeln)

Hinweise zur Unterrichtsgestaltung

– Die Kinder **erfinden** eine **Sternen- und Mondmusik** auf Metallinstrumenten (Klangspiel).
  - Vom Bild im Schülerbuch lassen sich die Kinder anregen, zuerst eine Sternen-, dann eine Mondmusik zu spielen. Vorstellungshilfen dazu: Immer mehr *leuchtende Sterne* blinken der Reihe nach auf → der Reihe nach spielen die Kinder ihre Sternenmusik auf Glockenspielen und Metallinstrumenten des kleinen Schlagwerks. Der große *Vollmond* taucht ruhig und gemächlich hinter den Wolken auf → auf Metallophonen spielen wir ruhige halbe Noten (in Akkorden oder Melodien).

– Die Kinder erlernen **Text, Melodie** und **Begleitung.**
  - An der Tafel hängen Bilder. Die Kinder erzählen dazu. Nach und nach wird so der Liedtext erarbeitet.

  - Der/die Lehrer/in spricht den Text und die Kinder stellen sich bei evtl. geschlossenen Augen die Bilder vor.
  - Mit Gesten untermalen sie den Text und sprechen dazu, auch flüsternd.
  - Ein Stern sagt's dem anderen weiter: Kinder gehen mit Fingercimbeln zu einzelnen Kindern, die die jeweilige Verszeile sprechen.
  - In drei Gruppen analog der Zeilen im Schülerbuch sprechen die Kinder den Text.
  - Auf einem Melodieinstrument spielt der/die Lehrer/in die Melodie. Die Kinder zeigen dazu den Weg des Mondes mit: Melodielinie
  - Durch Vor- und Nachsingen erlernen die Kinder die Melodie.
  - Einzelne Kinder singen die einzelnen Liedzeilen im Echo nach.
  - Bei den entsprechenden Wörtern (siehe Schülerbuch) spielen Becken und Triangel mit.
  - Wie der Mond sich auf und ab bewegt, spielen die Stabspiele a und h, darunter der Wolkenteppich d (kann auch in Halben gespielt werden).

– **Vorschläge für eine Gesamtgestaltung**
  - Die Sternen- und Mondmusik wird gespielt.
  - Die Liedmelodie erklingt auf einem Instrument: Dazu erwachen alle Kinder, „blinzeln" mit den Händen wie die Sterne.
  - Zum Lied, das mit Instrumenten begleitet wird, geht ein Kind mit der Laterne herum.
  - Zur **Laternenmusik auf S. 36 des Schülerbuchs** können die Kinder gruppenweise mit ihren gebastelten Laternen im Klassenzimmer herumgehen: Die Anzahl der Gruppen in der Klasse gibt vor, wie oft die Laternenmusik gespielt werden kann.
  - Die dreischichtige Stabspielbegleitung (im Sinne der Differenzierung) wird sinnvollerweise Zeile für Zeile aus Sprechrhythmen entwickelt:

GL:

MET: Mond, Mond, Mond, Mond (halbe Noten)
XYL: Sterne, Sterne ohne Zahl (Viertelnoten)

  - Zusätzlich könnte der Stabspielsatz durch den dezenten Einsatz von Triangel und Fingercimbeln klanglich bereichert werden.

Weihnachtsboten
– Carl Orff: Einleitung zur „Weihnachtsgeschichte" –

Lernziele/-inhalte

- Die „Einleitung" aus Orffs „Weihnachtsgeschichte" unter besonderer Berücksichtigung ihrer musikalischen Form (A-B-A) kennen lernen und in Bewegung umsetzen
- Den Teilen der Musik („Hirten-" und „Marienmusik") entsprechende Symbole zuordnen
- Den Teilen der Musik („Blockflöten-" und „Streichermusik") entsprechende Instrumentenkarten zuordnen
- Wiederholung und Abwechslung als Formen musikalischer Gestaltung begreifen
- Freude am Hören von Musik erfahren

Unterrichtsmittel

Schülerbuch, 19–21, Krippenfiguren, Bildkarten (AH 11, S. 43), Instrumentenkarten (AH 11, S. 43), evtl. Chiffontücher

Hinweise zur Unterrichtsgestaltung

– **Hinführung**

- Bodensitzkreis; in der Mitte befinden sich, unter einem Tuch verborgen, Krippenfiguren: Maria mit dem Jesuskind, Hirten.
- Die Schüler fühlen, vermuten, decken schließlich auf und erzählen die Weihnachtsgeschichte.
- Lehrer: „Der Komponist Carl Orff hat eine Musik zur Weihnachtsgeschichte geschrieben. Du hörst daraus die Einleitung..."

– **Werkbegegnung**

- Die Schüler (auf Decken liegend) hören 19.
- Freie Aussprache im Kreis: „Die Musik war sanft...", „Ich habe Flöten gehört."
- Der Lehrer weist auf die Krippenfiguren im Kreis: „Orff erzählt in seiner Musik von den Hirten und von Maria. Beweg dich passend zur Musik – als Hirte oder als Maria!"
- 20 („Hirtenmusik")
- 21 („Marienmusik")
- Die Schüler tanzen zur Musik (evtl. mit Chiffontüchern).
- Reflexion im Kreis: 20 klingt, als würden die Hirten *zügig* marschieren; 21 klingt, als würde Maria ihr Kind *ruhig* und *sachte* wiegen).

– **Werkbehandlung**

- Lehrer: „Die Hirtenmusik und die Marienmusik wird von verschiedenen Instrumenten gespielt. Ordnet bitte zu."
- Partner-/Gruppenarbeit: Legen der Instrumentenkärtchen (AH 11, S. 43) zur Musik (19)
- Differenzierung: Ausgewählte Kinder erhalten zusätzliche Instrumentenkärtchen (siehe AH 5, S. 27) zur Falsifikation.
- Reflexion im Kreis:

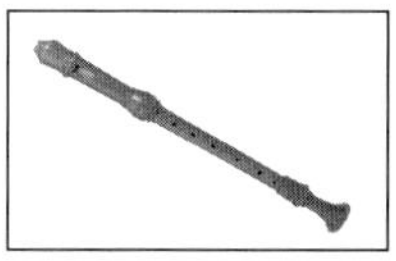

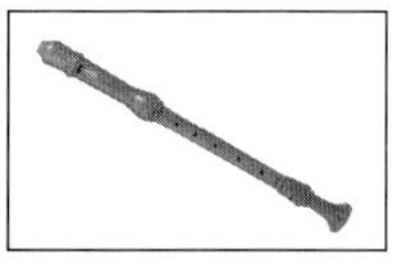

(AH 11, S. 43); dabei wird der Begriff „Gambe" geklärt (= „Streichinstrument" aus früherer Zeit, klingt ähnlich wie Geige oder Cello)

- Schülerbuch S. 41, Aufgabe 3: „Wie endet die Geschichte? Das Musikstück erzählt es euch..."
- Partner-/Gruppenarbeit: Legen der Bildkärtchen (AH 11, S. 43) zur Musik (19)
- Reflexion im Kreis:

Die Hirten marschieren, mit Geschenken beladen, zur Krippe.

Maria wiegt ihr Kind.

Die Hirten haben dem Jesuskind die Geschenke gebracht. Nun kehren sie zurück zu ihren Herden.

– **Gestaltung**

- Gruppenarbeit: Die Kinder erfinden kleine Tanzgestaltungen (evtl. mit Chiffontüchern) zur Musik (19) gemäß ihrer Form A-B-A.

wolf verlag - Best.-Nr. 01401

Weihnachtsklänge

Lernziele/-inhalte

- Das Lied des Schülerbuchs singen und mit Stabspielen begleiten
- Mit Klingenden Stäben eine Glockenmusik entwickeln und in diesen Raumklang das Lied einbinden

Unterrichtsmittel

Schülerbuch, P 32, alle verfügbaren Stabspiele, Klingende Stäbe (günstig chromatischer Satz für die ersten Spiele)

Hinweise für die Unterrichtsgestaltung

- Das **Lied** durch Nachsingen der phrasenhaften Vorgaben der Lehrkraft erlernen
- Die Silben „ding" und „dong" (= Glockentöne) für ein **Stimmspiel** nutzen (Die Glocken der Stadt erklingen.); dabei auf lockeres „Fallenlassen" des Unterkiefers und weiten Mundraum achten
- Aus dem Sprachmotiv „dong-ding" eine **Stabspielbegleitung** entwickeln
- Verschiedene **Glockenmusik** mit allen verfügbaren Klingenden Stäben (günstig ist der chromatische Satz: C, Cis, D, Dis, E...) erproben:
  - Die Glocken erklingen nach und nach, bis alle spielen.
  - Die Glocken spielen und verstummen nach und nach.
  - Die Glocken erklingen nach und nach und verstummen allmählich.
- Die Glockenmusik auch in verschiedener Weise als **„Raummusik"** erproben
- Eine zum Lied passende **Glockenmusik** mit den Tönen F, G, A, C, D aus dem Sprachmotiv „Glocken klinget!" entwickeln
- Nach dem **Ablaufplan** singen und spielen

Zusatzangebot: Blockflötenvorspiel zum Lied

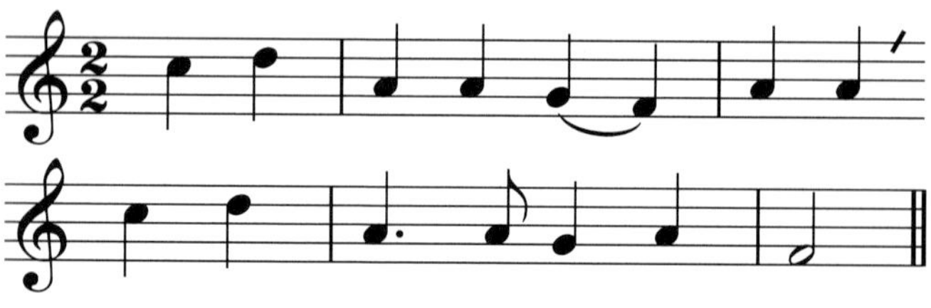

Anhang: Begriffe *Pentatonik – Bordun – Ostinato*

Pentatonik

Das Lied „Lasst die Glocken all' erklingen" ist pentatonisch, d.h., das Tonmaterial des Liedes besteht aus den fünf Tönen dieser pentatonischen Reihe ausgehend von dem Grundton F:

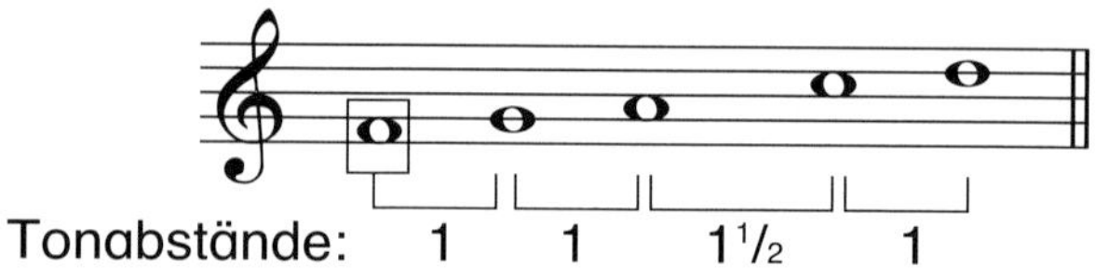

Nach dem gleichen Schema lassen sich auf jedem Ton pentatonische Reihen bilden, die vor allem im östlichen Kulturkreis, aber auch bei uns, anzutreffen sind.

Bordun

Ursprünglich „Liegestimme" als Klanggrund für eine Melodie; Begleitmaterial vor allem für pentatonische Melodien, in seiner einfachsten Ausprägung als so genannte Bordunquinte:

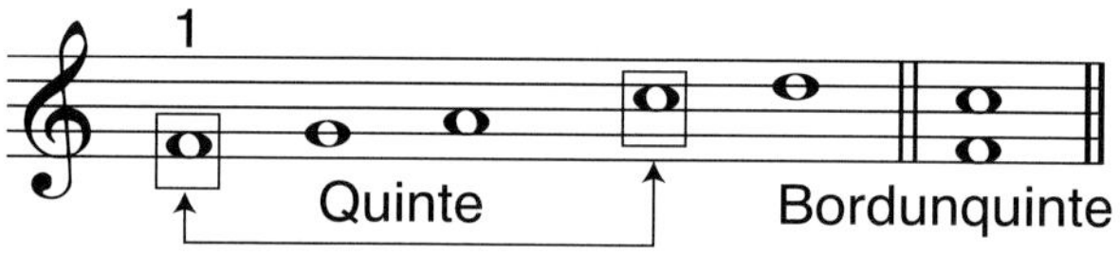

Häufig auch als so genannter „schweifender Bordun" unter Einbeziehung eines Nebentones:

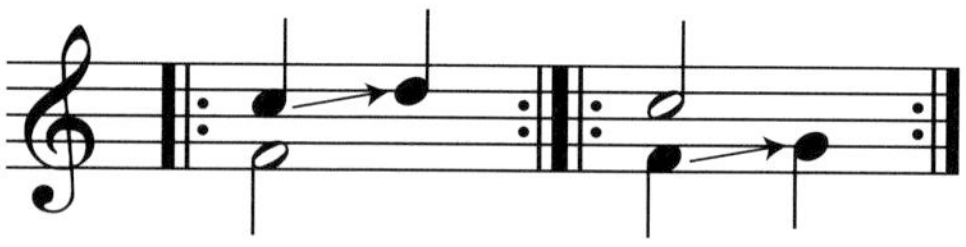

Theoretisch können alle Töne einer pentatonischen Reihe für eine Bordunbegleitung herangezogen werden.

Ostinato

(von lat. obstinatus = hartnäckig)
Ständig wiederkehrende, kurze rhythmische oder rhythmisch-harmonische Begleitformel:

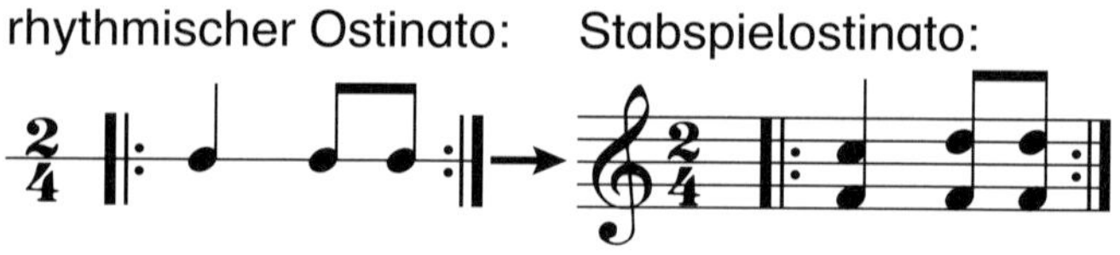

Die methodische Entwicklung eines Stabspielostinatos ist auf Seite 26 beschrieben.

Seht ihr den Stern?
– Ein Weihnachtsspiel – P 37–40

Das Weihnachtsspiel „Seht ihr den Stern?", das den Zug der Hirten nach Bethlehem beinhaltet, ist für eine Aufführung im Rahmen eines Elternabends, einer Schulweihnachtsfeier oder eines Adventsgottesdienstes gedacht.

– **Zur szenischen Ausgestaltung**

- Bei einer kleinen Zahl von Mitwirkenden können alle die Hirten spielen und deren Lieder singen. Bei einer größeren Gruppe ist es günstig, wenn nur eine kleinere Anzahl an Kindern die Hirten darstellt und die anderen als Chor einen Halbkreis um den „Spielort" bilden und die Lieder der Hirten mitsingen. Die Instrumentalgruppe sollte so platziert werden, dass auch sie den Spielleiter gut sehen kann.
- Das Herankommen der Hirten am Anfang und das Weiterziehen der Hirten sollte so organisiert werden, dass jeweils die Aktion am Ende des Liedes abgeschlossen ist. Sollte das Lied dafür zu kurz sein, kann jeweils an die zweite Strophe nochmals die erste Strophe zur Verlängerung angehängt werden.
- Als Requisiten werden für das Stück benötigt: verschiedene „Gaben", die die Hirten dem Kind mitbringen wollen, eine Laterne und ein Stern, der in dem Stück eine zentrale Rolle spielt. Dieser kann aus festem Karton und durchscheinendem Buntpapier gebastelt und durch eine Lichtquelle erleuchtet werden. Er kann aber auch nur durch eine Lichtquelle im abgedunkelten Raum dargestellt werden.

– **Zur musikalischen Ausgestaltung**

- Bei der Liedbegleitung können Instrumente verschiedener Tonhöhe eingesetzt werden (vom Bass bis zum Sopraninstrument).
- Die Vorspiele sind bei den ersten drei Liedern so gedacht, dass sie jeweils zwei Takte mit Rhythmusinstrumenten und dann zwei Takte des Begleitostinatos umfassen. Beim dritten Lied („Wir ziehen weiter") ist der Liedauftakt identisch mit dem vierten Viertel des zwei-taktigen Vorspiels.
  Sollten Blockflötenspieler vorhanden sein, können die Vorspiele zusätzlich durch eine kleine Blockflötenmelodie angereichert werden (siehe unten).
- Der Begleitsatz kann auch auf ein Klavier übertragen werden. Dabei spielt die rechte Hand die Melodie, die linke Hand oktaviert den Begleitostinato nach unten (siehe Beispiel für einen klaviergerechten Begleitsatz S. 44).
- Das Leuchten des Sterns wird akustisch durch Triangeltremoli aus verschiedenen Richtungen unterstützt, die durch rasches, federndes Hin- und Herbewegen des Metallstabes in einer „Triangelecke" erzeugt werden.

Blockflötenvorspiele für:

Wir sind die Hirten (S. 46)

Heller Stern, klarer Stern (S. 47)

Wir ziehen weiter (S. 48)

Allerlei Blockflöten

Lernziele/-inhalte

- Die Blockflöte und die wichtigsten Vertreter der „Blockflötenfamilie" näher kennen lernen

Unterrichtsmittel

Schülerbuch, 22, 23, Blockflöte

Hinweise zur Unterrichtsgestaltung

- Mit einem **„Live-Erlebnis"** Motivation für ein näheres Kennenlernen der Blockflöte schaffen
- Eine **Blockflöte betrachten** (dazu Schülerbuch S. 50) und über ihren Bau sprechen

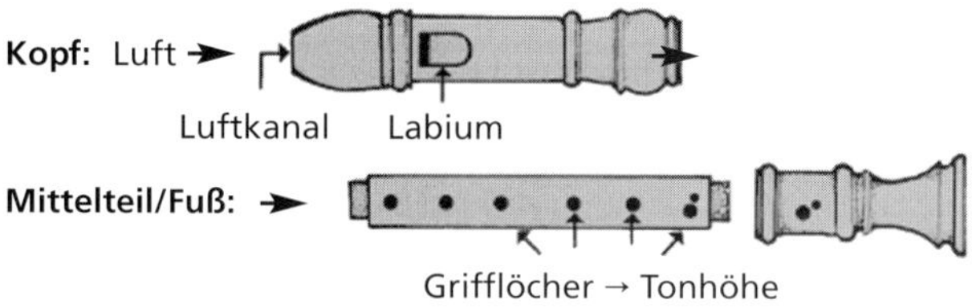

- An Hand der **Hörgeschichte** 22 die Blockflötenfamilie und deren verschiedene Vertreter vom Klang her kennen lernen; dazu das Bild im Schülerbuch S. 50 betrachten (Die Begriffe für die einzelnen Flöten sind nicht relevant.)
  - Durch mehrfaches Vergleichen der Hörbeispiele die Klangunterschiede erfassen: *Mit zunehmender Größe klingen die Flöten immer tiefer.*
  - Beim Zusammenwirken der verschiedenen Blockflöten am Ende der Hörgeschichte herausfinden, welches Instrument die nun bekannte Melodie spielt
- Wenn genügend Blockflötenköpfe vorhanden sind, versuchen, das kleine **Musikstück für Blockflötenköpfe** im Schülerbuch Seite 50 zu realisieren (ersatzweise mit der „Mundflöte")
- **Das Musikstück** 23 gemeinsam anhören; dabei auch auf die Begleitung der Flöte achten

Geigenwerkstatt

Lernziele/-inhalte

- Den Bau einer Violine, die Tonerzeugung und Spielweise auf dem Instrument kennen lernen

Unterrichtsmittel

Schülerbuch, P 41, 24, Gummiringe und Schachtel, Puzzle (AH 12, S. 47), Violine, Bogen

Hinweise zur Unterrichtsgestaltung

- **Das Lied Seite 51 des Schülerbuchs** singen; Silben „fili fili fei" zur Stimmbildung nutzen
- **Das Bild der Violine im Schülerbuch betrachten** und die Begriffe den Teilen des Instruments zuordnen (Vergleich mit dem Körper)
- Die **Funktion des Klangkörpers** als Verstärker des Tons mit Gummiring und Schachtel entdecken (ähnlich Gitarre, Zither...).
- An Hand einer wirklichen Violine erproben, wie sich das **Streichen des Bogens** über die Saiten auswirkt (Begriff „Streichinstrument")
- Gemeinsam das **Musikstück** 24 **hören** und darüber sprechen (Manchmal klingt es, als würden mehrere Violinen spielen; der Anfang kehrt wieder...)
- Von einem **Violinspieler** (z.B. Lehrer oder Schüler der örtlichen Musikschule) vorführen lassen, wie man auf dem Instrument spielen kann (streichen, zupfen, mehrstimmig...)
- Eine **„Zupfgeige" bauen**

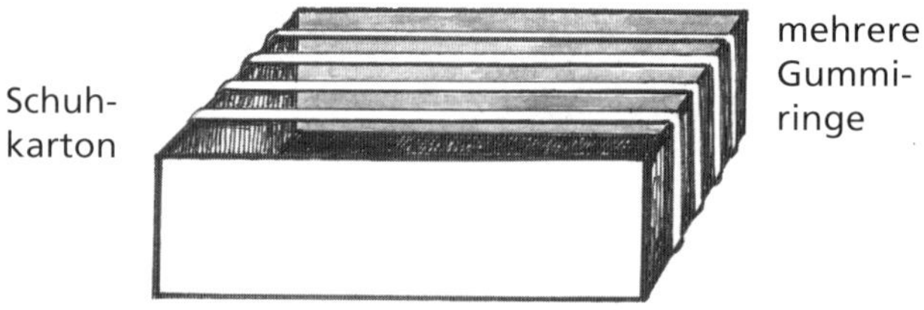

- Damit **musizieren** (siehe Schülerbuch S. 87)
- Das **Puzzle legen** (AH 12, S. 47)

wolf verlag - Best.-Nr. 01401

Notenreise

Lernziele/-inhalte

- Einfache, leicht überschaubare Tonfolgen erfassen; dabei die Note als Darstellungsmöglichkeit verschiedener Ton*höhe* kennen lernen
- Den Gegensatz tiefer – hoher Tonbereich
  - bei einigen Instrumenten und bei der Stimme erkunden
  - bei instrumentalen Gruppenimprovisationen ins Spiel bringen
  - in der Bewegung und mit einfachen grafischen Mitteln darstellen

Unterrichtsmittel

Schülerbuch, 25 – 28, P 42, Legekärtchen (AH 13, S. 49), Magnet-/Flanelltafel mit Haftplättchen, Orff-Instrumente, Chiffontücher

Hinweise zur Unterrichtsgestaltung

Voraussetzung: Kenntnis der Notensymbolik aus der rhythmischen Arbeit

- Den **Sprechvers auf Seite 52**
  - rhythmisch möglichst prägnant realisieren
  - mit Klanggesten begleiten:

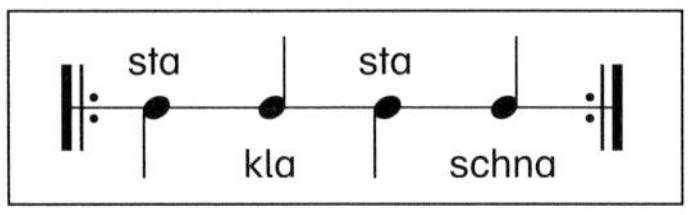

- Vermutungen anstellen, wie es mit der Note weitergehen könnte
- Die **Geschichte von der Notenreise** (25)
  - anhören und darüber sprechen (Man kann hören, wie die Note geradeaus wandert, auf den Berg steigt, wieder heruntergeht und auf die Heumännchen springt.)
  - hören und dabei die Bilder im Schülerbuch den einzelnen Abschnitten der Geschichte zuordnen; dabei klären:

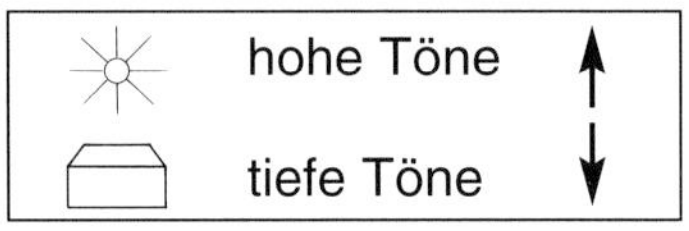

  - hören und dabei die entsprechenden Kärtchen der Arbeitshilfe in der richtigen Reihenfolge legen (von links nach rechts, also in Schreibrichtung)

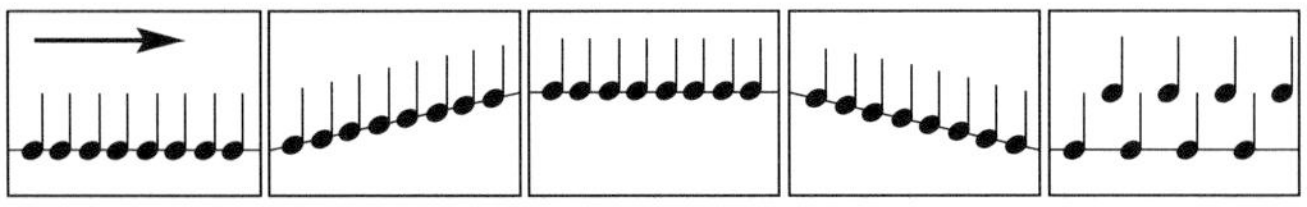

  - nochmals zur Kontrolle hören
- Auch die beiden anderen unbekannten **Notenreisen** (26, 27) hören, mit den Kärtchen legen und beim nochmaligen Hören die Reihenfolge überprüfen
- An der Magnettafel (bzw. Flanelltafel) gemeinsam eine **Notenreise entwickeln** und mit Stimme oder Stabspielen klanglich realisieren (ohne Festlegung der exakten Tonhöhen)
- Die Geschichte „weiterspinnen" (z.B.: Die Note hat sich auf einem Schmetterling niedergelassen, der nun von Blume zu Blume fliegt.)
- **Verschiedene Instrumente** hinsichtlich ihres tiefen und hohen Tonbereichs untersuchen:
  - bei Stabspielen; dabei Größe der Klangplatten und Tonhöhe in Beziehung setzen
  - beim Klavier/Flügel; dabei die Abhängigkeit von Saitenlänge und Tonhöhe erfahren
- Auch unsere **Stimme** hinsichtlich ihres tiefen und hohen Tonbereichs erproben (z.B. brummen wie ein Bär, piepsen wie ein Vogel)
- Für das **„Orchesterspiel 1"** die Instrumente des kleinen Schlagwerks in solche, die tief klingen (Pauke, Handtrommel, hängendes Becken ...), und solche, die hoch klingen (Triangel, Fingercymbeln, Schellenrassel ...), aufteilen; mit diesen beiden Gruppen im Wechsel, aber auch gleichzeitig, nach den Kärtchen des Spielführers spielen
- Bei dem **„Orchesterspiel 2"** mit Stabspielen auch allmähliche Übergänge von hoch – tief und tief – hoch einbeziehen („Dirigent" hebt/senkt langsam die Arme.)
- Bei den **Bewegungsspielen**
  - auf möglichst organische und verzögerungsfreie Bewegungswechsel achten
  - auch Tücher in die Bewegung einbeziehen
- Den **Melodieverlauf des Liedes auf Seite 53**
  - mit der Hand mitzeigen
  - pantomimisch mitvollziehen
  - in der so genannten Balken-Vornotation aufschreiben:

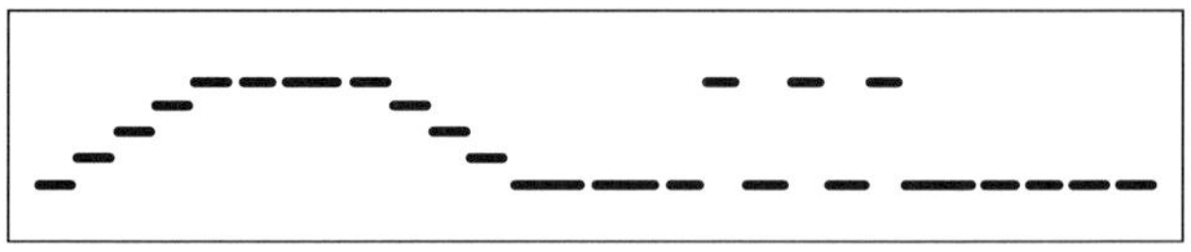

  - Die Liedmelodie auf Stabspielen realisieren

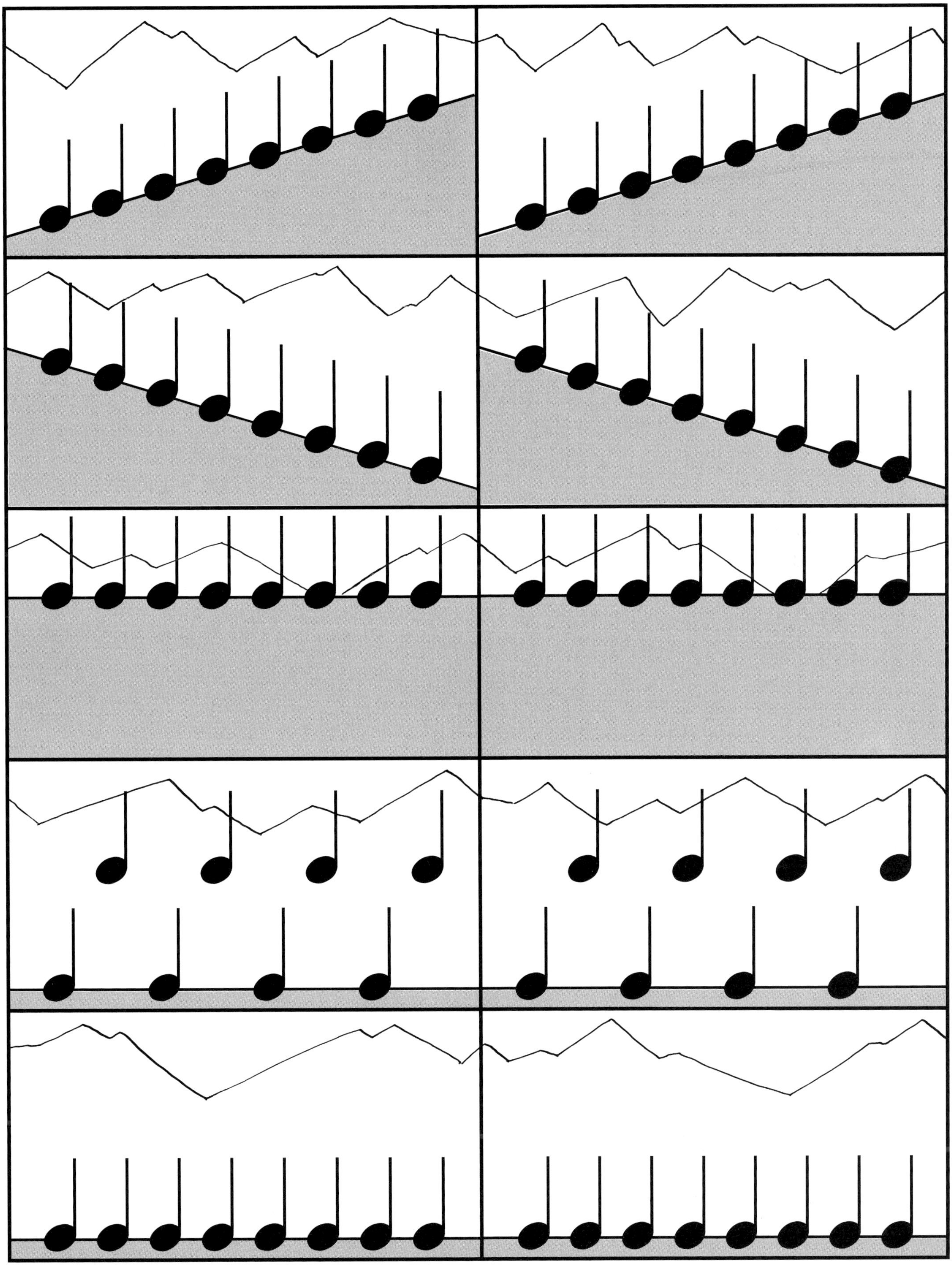

wolf verlag - Best.-Nr. 01401

Spuren im Schnee
– Wie das wohl klingt? –

Lernziele/-inhalte

- Mit einem Schlägel federnde Bewegungen ausführen
- Frei auf einem Stabspielinstrument improvisieren und den Charakter der entstandenen Klangspiele verbalisieren
- Bildelemente in Klang umsetzen
- Nach einer besprochenen musikalischen Form (Rondo: A, B, A, C, A...) spielen

Unterrichtsmittel

Schülerbuch, Legekärtchen Schneespuren (AH 14, auf Karton vergrößert), Schlägel, Luftballons, verschiedene Stabspiele

Hinweise zur Unterrichtsgestaltung

– **Schlägelübungen**
  - Sitzkreis: Jedes zweite Kind hat einen Luftballon. Mit den Schlägeln werden die Luftballons im Kreis weitergegeben.
  - Sitzkreis: Jedes Kind hat einen Luftballon zwischen die Knie geklemmt. In jeder Hand hält es einen Schlägel. Die Kinder spielen abwechselnd mit dem linken und dem rechten Schlägel federnd auf dem Luftballon.
  - Die Kinder stehen verteilt im Raum. Jedes spielt mit seinem eigenen Luftballon. Vorsichtig werden die Luftballons angetupft, damit sie wie Schneeflocken fliegen.
  - Partnerarbeit: Ein Kind tupft mit den Schlägeln seinen Luftballon. Das andere Kind spielt bei jeder Bewegung zeitgleich auf seinem Stabspielinstrument.

– **Die Kinder spielen auf Instrumenten,**
  - als ob Schneeflocken darauf fallen würden (Schülerbuch S. 56, Aufgabe 1);
  - als ob Schneeflocken darauf hin- und herwirbelten (Schülerbuch S. 56, Aufgabe 2). **Tipp:** verschiedene Stabspielgruppen einzeln spielen lassen, damit der charakteristische Klangunterschied hörbar wird (Glockenspiele, Metallophone, Xylophone)

AH 14 — **Legekärtchen „Schneespuren“**

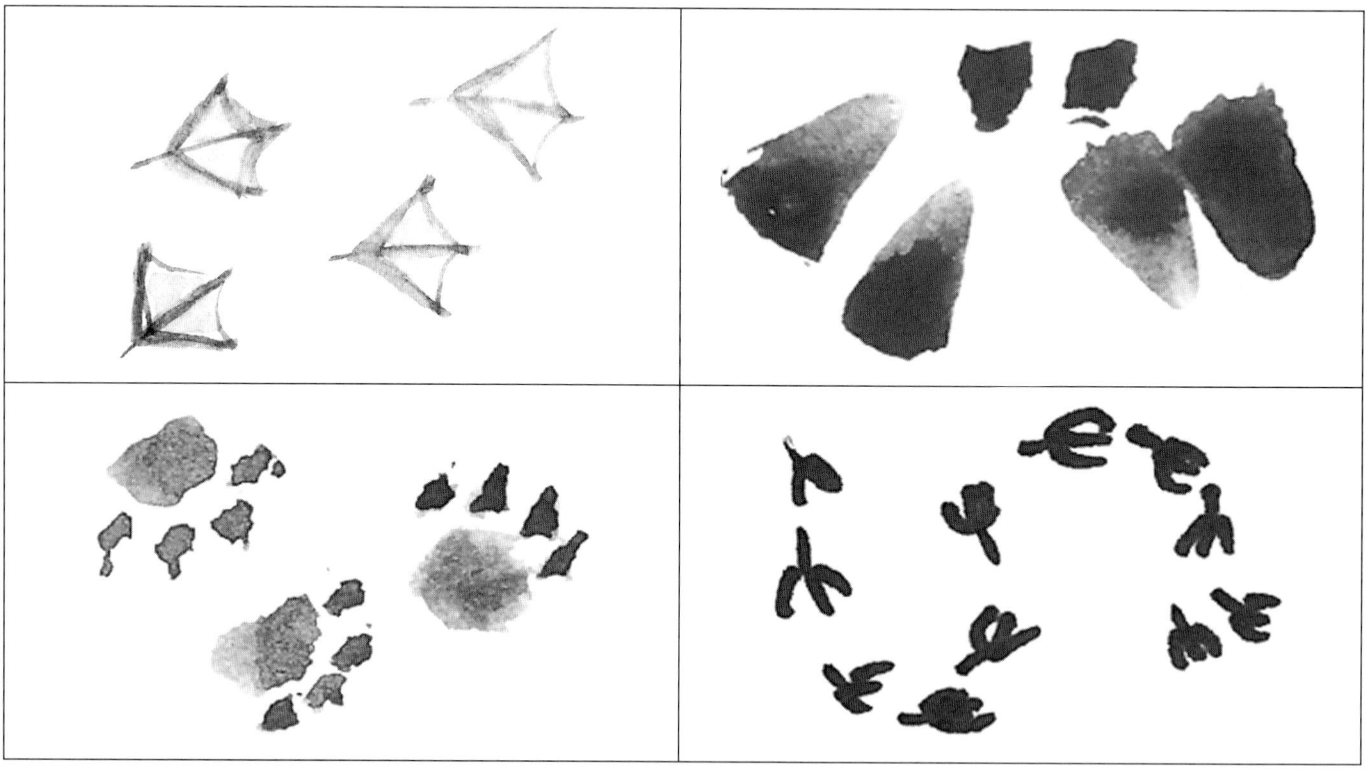

wolf verlag - Best.-Nr. 01401

- **Die Kinder verklanglichen Schneespuren.**
  - Der Lehrer verteilt an verschiedenen Stellen im Raum Bildkarten mit Tierspuren. Verschieden zusammengestellte Stabspielgruppen verklanglichen die Spuren.
  - Sie stellen ihre Ergebnisse einander vor.
  - Sie überlegen, welches Instrument am besten zu den einzelnen Spuren passt.
- **Die Kinder spielen nach einer besprochenen Form.**
  - Schülerbuch S. 56, Aufgabe 3, Rondo: Alle Schüler spielen gemeinsam das Herumwirbeln der Schneeflocken (Teil A). Zwischen diesem sich wiederholenden Teil spielen die einzelnen Gruppen ihre verklanglichten Tierspuren vor (A, B, A, C, A, D, A, E,...).
  - Eine andere Spielform kann gefunden werden (Solo, Tutti, zu zweit, im Echo, nacheinander aufbauen...).
  - Aufnahme des Stückes auf Kassette

Hier noch eine Bilderbuchempfehlung zum Thema: Muller, Gerda: Was war hier bloß los? Moritz Verlag, Frankfurt/Main 2000.

Spuren im Schnee

Lernziele/-inhalte

- Bildelemente mit der Stimme in Klang umsetzen (Klangspuren, Melodielinien)
- das Lied und die Begleitung erlernen
- den Bauplan des Liedes erfassen

Unterrichtsmittel

Schülerbuch, P 46, „Klangspuren und Liedbauplan" (AH 15, S. 52), Orff-Instrumente

Hinweise zur Unterrichtsgestaltung

- Die Kinder summen oder **singen** auf Tonsilben. Sie **setzen die Bildelemente,** die Spuren im Schnee sein könnten, **in Klänge um. Wichtig ist:** vorher eine gute Einstimmung auf Spuren im Schnee, eigene Beobachtungen darüber, Zeichnungen von Tierspuren usw.
  - Zuerst summen die Kinder nach Handzeichen kleine Melodien, anschließend nach Bildelementen (= Spuren).

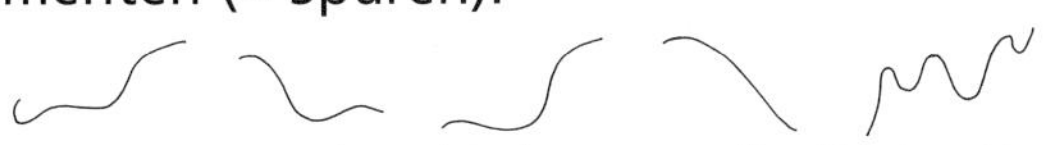

  - Daraus werden kleine musikalische Formen gelegt, die von der Klasse und einzelnen Kindern in Klänge umgesetzt werden können. Als Klangteppich könnte man leise Glissandi auf Metallophonen spielen.

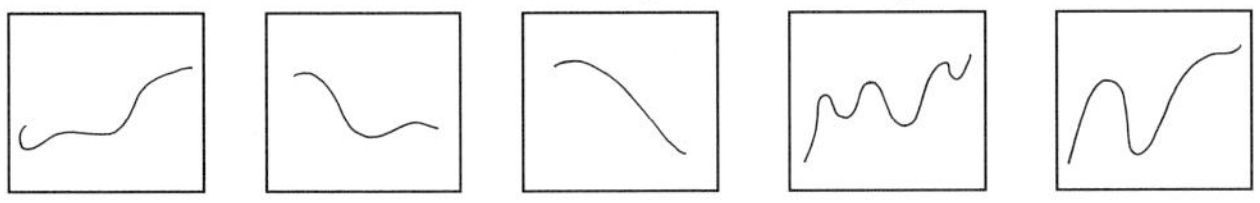

- Die Kinder **erlernen die Melodie und die Begleitung.**
  - Zur vorgespielten oder vorgesummten Melodie malen die Kinder Klangspuren auf ein großes Blatt.
  - Der Liedtext wird geheimnisvoll erzählt, vorgesprochen, vor- und nachgesprochen, geflüstert...; 1. Strophe: Von wem könnten die Spuren sein? – 2. Strophe: Es sind Vogelfüße. – 3. Strophe: Nun ist er weg – in den Wolken ... oder wo noch?
  - Die Melodie wird nochmals vorgespielt; dabei wird auf die Form geachtet: ABA
    A-Teil: 1. Strophe; B-Teil: 2. Strophe;
    Wiederholung A-Teil: 3. Strophe
  - Beim Vor- und Nachsingen werden die Melodielinien mitgezeigt (Spuren des Vogels im Schnee!).
  - Das **Lied wird begleitet:** Der Schnee liegt dick und weich auf dem ganzen Land: Die Begleitung muss ganz zart gespielt werden.
  - Mit dem rhythmischen Baustein „schneeweich" werden die halben Noten der Begleitung unterlegt und eingehalten.
  - Der **Bauplan des Liedes** kann **gelegt werden:**

A-Teil, 1. Strophe, Landschaft wie Melodielinie

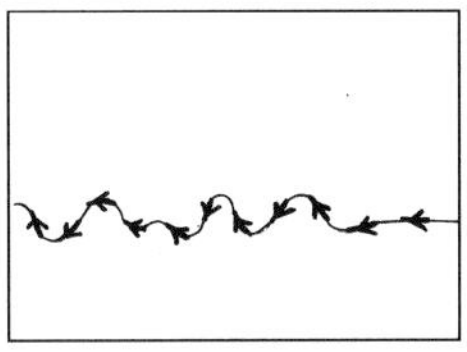

B-Teil, 2. Strophe, Vogelfüße wie Melodielinie

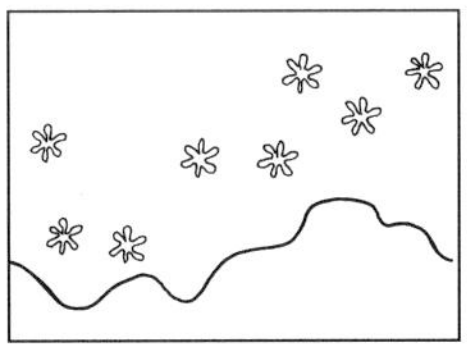

A-Teil, 3. Strophe, Landschaft wie Melodielinie

Klangspuren

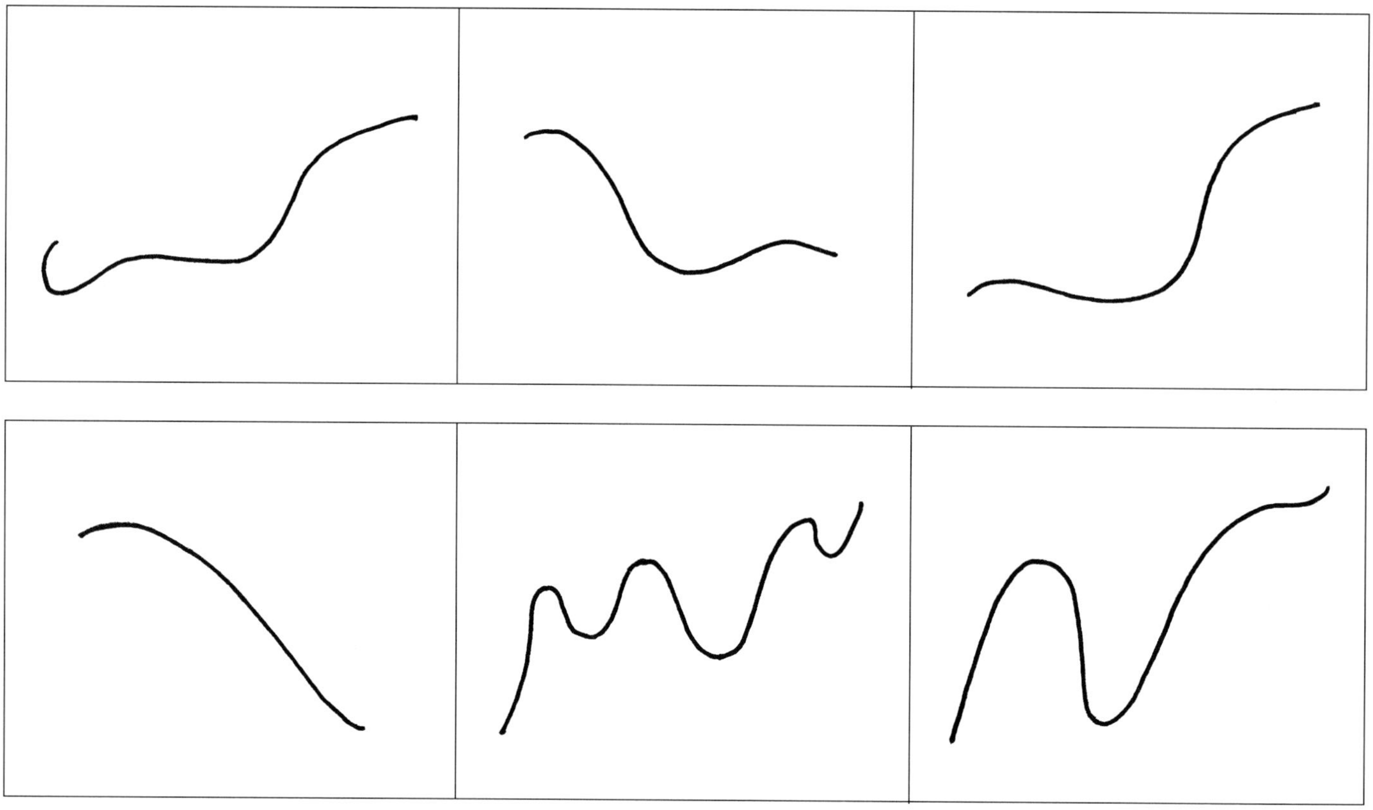

Bauplan des Liedes

A-Teil: 1. Strophe

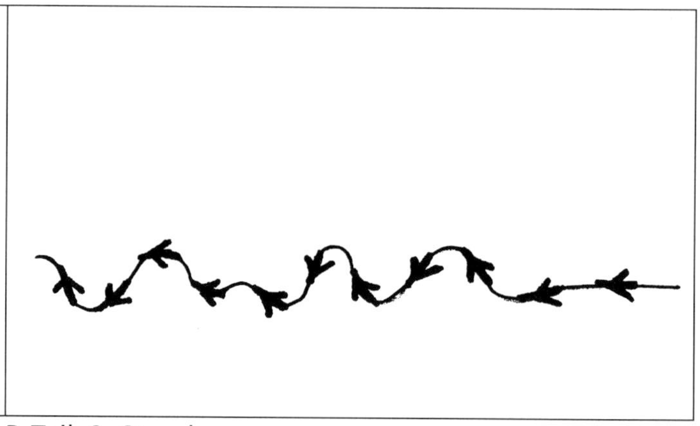

B-Teil: 2. Strophe

A-Teil: 3. Strophe

wolf verlag - Best.-Nr. 01401

Heißa, eine Schlittenfahrt

Leopold Mozart: Eine musikalische Schlittenfahrt

1. Malt aus, was ihr auf dem Bild **hören** könnt.

2. Hört die „Schlittenfahrt" Leopold Mozarts. 29
   Ihr könnt das Bild zu Ende malen – so, dass es zu Mozarts Musik passt.

3. Wie oft lässt der Kutscher seine Peitsche knallen? Schreibt mit. 29

Peitschenknaller:

1. 2.

wolf verlag - Best.-Nr. 01401

Im Instrumentenkreis

Bei der Klassenfaschingsparty, während des Schullandheimaufenthaltes, aber auch im normalen Schulalltag kann ein Spiel zur rechten Zeit eine willkommene Abwechslung sein. Spiele haben ihren Sinn in sich. Auch wenn im Hintergrund musikerzieherische Aspekte stehen, sollte dies nicht die Freude am Spiel schmälern.

Spiel 1: Klangwanderungen

- Alle Mitspieler sitzen im Kreis mit den abgebildeten Instrumenten. Ringsum spielt einer nach dem anderen einen Schlag.

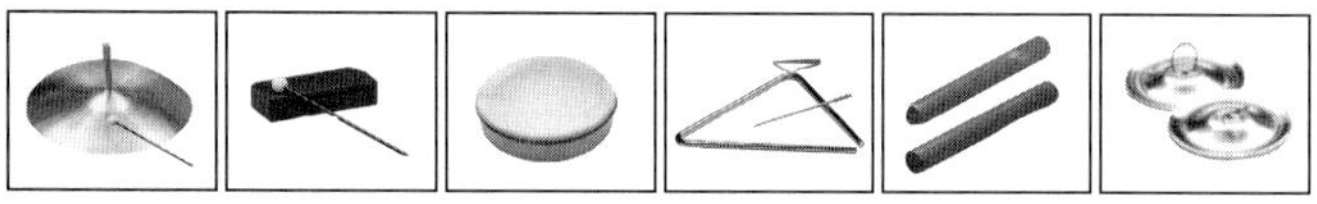

- **Version 1:**
  Der Schlag wandert gleichmäßig.
  - Als Vorbereitung zuerst mehrmals einen Gegenstand (z.B. eine Kastanie) ringsum „wandern" lassen; dazu den Text sprechen: „Immer weiter musst du wandern, von dem einen zu dem andern" oder dazu singen:

  - Den Gegenstand durch Impulse auf dem Instrument ersetzen
  - Wenn die gleichmäßige Wanderung mit Text klappt, allmählich auf die Sprachstütze verzichten
  - Auch mehrmals zwischen leisen und lauteren (Vorsicht!) Runden wechseln

  Musikalischer Aspekt:
  Metrum erleben

- **Version 2:**
  Der Schlag wandert erst weiter, wenn das Instrument des vorhergehenden Mitspielers verstummt ist.
  - Bei dieser Klangwanderung auch noch den „leisesten" Klang abwarten, bis der nächste drankommt

  Musikalischer Aspekt:
  Erfahren der verschieden langen Klangdauer der einzelnen Instrumententypen

Spiel 2: Suchspiel

- Das Kind, das suchen soll, verlässt den Raum, während die anderen ein Versteck für einen Gegenstand vereinbaren. Das Kind wird mit folgender Klangaktion auf den Instrumenten hereingerufen:

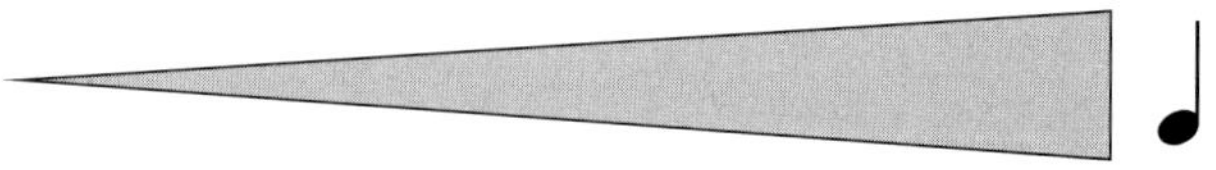

Heeeeeeeeeeeeeerein!

- Den Suchenden „sensibel" und konzentriert mit den Instrumenten zum versteckten Gegenstand führen:

  bei Annäherung: 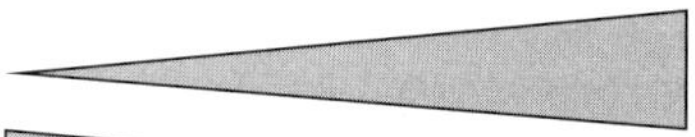

  bei Entfernung: 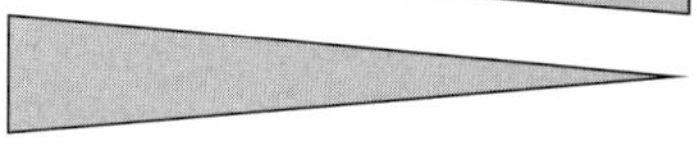

- Einen Durchgang des Suchspiels auch mit dem Kassettenrecorder aufnehmen; das Ereignis gemeinsam anhören und grafisch aufzeichnen

  Musikalischer Aspekt:
  Allmähliche Lautstärkeveränderungen (immer lauter/immer leiser) erleben

Spiel 3: Detektivspiel

- Vor der Durchführung des Spiels die zum Einsatz kommenden Instrumente oder Gegenstände (hier: Flaschen/Kieselsteine) hinsichtlich ihrer verschiedensten Spielarten erproben
- Dem Detektiv nur fünf Chancen zubilligen, den „Anführer" zu benennen
- Einen Spieldurchgang wieder mit dem Kassettenrecorder aufzeichnen, gemeinsam anhören und grafisch wiedergeben

  Musikalischer Aspekt:
  Einen Gegenstand / ein Instrument hinsichtlich seiner Möglichkeiten der Geräusch-Klang-Tonerzeugung „erkunden"

Anmerkung zu Spiel 1/2. Version, Spiel 2 und 3: Für diese Spiele eignen sich auch hervorragend Klingende Stäbe.

Schmetterlingstanz

Lernziele/-inhalte

- Raumformen erproben
- Teile der Musik genau herausfinden und wiedererkennen
- Schwebend leichte Bewegungen nachempfinden und nachahmen (Schmetterling)

Unterrichtsmittel

Schülerbuch, 🖸 33, leichte Chiffon- oder Seidentücher in vielen Farben, Legekärtchen wie Schülerbuch

Hinweise zur Unterrichtsgestaltung

– Die Kinder **finden Bewegungen und Raumwege,** die den Schmetterlingen nachempfunden sind (siehe Grafik im Schülerbuch S. 67): ganz leise laufen, dabei schwebend leicht viele Raumwege erkundend; mit Armbewegungen, die durch die Tücher unterstützt werden: schwingen, kreisen, flattern.

– Die Kinder **finden die Teile der Musik heraus** und **erkennen** sie **wieder,** um den Tanz ganz sicher und selbstständig gestalten zu können.
  - Alle stehen im Kreis und vollziehen am Platz Bewegungen nach, die zu den Schmetterlingen passen und bei jedem Teil der Musik verändert werden, z.B.:
    A-Teil: schwingen mit den Armen nach oben und unten, bei der Wiederholung Arme kreisen
    B-Teil: sich zur Blume beugen, bei der Wiederholung Nektar saugen
  - Mit den Kärtchen den Ablauf der Musik legen oder im Buch mitzeigen

– Die Kinder **gestalten den Tanz** entweder in Gruppen oder mit der ganzen Klasse.
  - Ganze Klasse: siehe Schülerbuch
  - Gruppen: Zum A-Teil und seiner Wiederholung denken sich die Kinder eine Form aus: Schweben im Kreis; in verschiedenen Raumformen wie Achter, Schlangenlinien, vor und zurück …
    Den B-Teil könnte man gemeinsam, wie im Schülerbuch angegeben, gestalten.

Frühlingswiese
- Käfertanz -

Lernziele/-inhalte

- Körperbewegungen eines Tieres nachahmen und an einen Rhythmus anpassen
- Teile der Musik unterscheiden

Unterrichtsmittel

Schülerbuch, 🖸 34, Legekärtchen wie Schülerbuch, evtl. Käferkostüme

Hinweise zur Unterrichtsgestaltung

– Die Kinder finden **Körperbewegungen** von **Käfern** und ahmen sie nach.
  - Sie stehen paarweise im Kreis und erproben zu zweit. Später passen sie ihre Bewegungen dem Rhythmus an: Flügel aktivieren, Fühler strecken, Beinchen bewegen (siehe Bild und Arbeitsanweisung 1 im Schülerbuch S. 75).

– Die Kinder **erkennen die Musikteile** und führen adäquat ihre Bewegungen dazu aus.
  - A-Teil: Paarweise werden die Käferbewegungen ausgeführt und von den anderen nachvollzogen.
  - B-Teil: Die Paare haken sich ein und tanzen im Kreis.
  - Beim nächsten A-Teil nächstes Paar usw.

Spaziergang durch den Tierpark

Lernziele/-inhalte

- Tiernamen rhythmisch sprechen, klatschen, patschen…
- Tiernamen anhand ihres Sprechrhythmus (Anzahl der Sprechsilben, Unterscheiden der Silben nach den Parametern lang/kurz) identifizieren
- Den Namen der Tiere entsprechende Notenbilder (bei Bedarf Vornotation mit verschieden langen Balken wie im Schülerbuch S. 81) zuordnen und umgekehrt
- Mit aneinandergereihten Tiernamen „Rhythmusketten" bilden
- Verschiedene „Rhythmusketten" gleichzeitig („mehrstimmig") sprechen, klatschen, patschen…

Unterrichtsmittel

Schülerbuch, 36–38, Legekärtchen: Tiere und Noten (AH 17, S. 58 – Hinweis: Auf Tonpapier kopieren. Bei Bedarf zusammengehörende Bild- und Notenkarten zur Selbstkontrolle auf der Rückseite mit gleichen Farbpunkten versehen.), Tierwürfel und Notenwürfel (AH 18, S. 59), Stofftiere

Sachinformation „Rhythmische Bausteine"

– Als „rhythmische Bausteine" werden kleinste, eintaktige rhythmische Elemente bezeichnet. Sie beginnen mit einem betonten Notenwert:

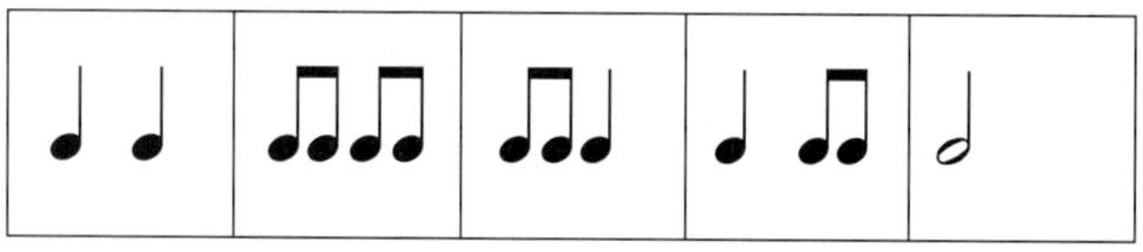

– Durch „Reihung" rhythmischer Bausteine können größere rhythmische Gebilde gebaut werden (z.B. Sprechgesänge, Raps o. Ä.):

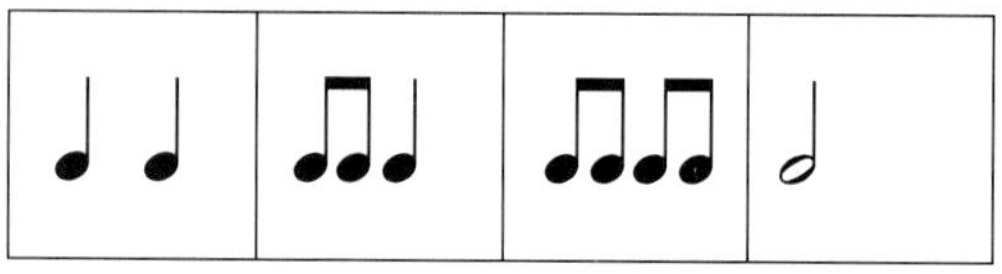

– Durch „Schichtung" entsteht eine einfache Form von Mehrstimmigkeit:

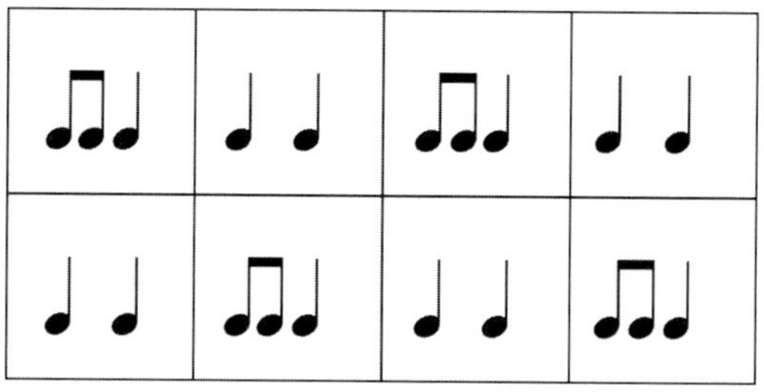

– Rhythmische Bausteine können aus verschiedensten Sachbereichen zusammengestellt werden: Tiernamen, Namen für Speisen, Blumen, Bäume, Maschinen, Frühlings- oder Sommerwörter…

Hinweise zur Unterrichtsgestaltung

– **Spiele mit rhythmischen Bausteinen im Klassenverband**

- In der Mitte des Sitzkreises liegen Stofftiere/Tierbilder (AH 17, S. 58). Jedes Kind holt sein Lieblingstier zu sich, indem es seinen Sprechrhythmus klatscht, patscht…
- Anschließend „ruft" der „Wärter" (der Lehrer) die Tiere wieder zu sich: Nacheinander klatscht er stumm ihre Namen. Die Kinder mit den betreffenden Stofftieren oder Tierbildern bringen diese zurück in das „Gehege" (eine große Schachtel).
- Die Kinder klatschen, patschen… verschiedene Tiernamen. Schließlich „drucken" sie den Sprechrhythmus in Sand / mit (Finger-) Farben auf Papier; so wird die Anzahl der Silben sichtbar. Aus den Sand- und Farbspuren wird die Balken- und schließlich die traditionelle Notation entwickelt:

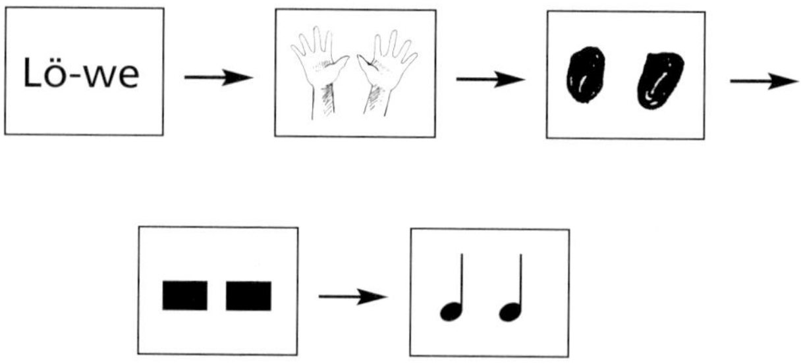

- An den Gehegen werden neue Schilder angebracht. Der „Wärter" zeigt diese der Klasse; die Kinder klatschen die Namen und ordnen die entsprechenden (Stoff-)Tiere oder Tierbilder zu.

- Bei der Fütterung stehen die Tiere „Schlange": Zwei, später mehrere Stofftiere oder Tierbilder werden hintereinandergelegt. Die Kinder klatschen, patschen... die so entstandene „Rhythmuskette".
- Die Reihenfolge der Tiere wird geändert, die neue „Rhythmuskette" mit verschiedensten (Körper-)Instrumenten erprobt.
- Die Klasse wird in zwei Gruppen aufgeteilt. Jede Gruppe entscheidet sich für eine der bereits geübten „Tierketten". Der Lehrer gibt mit einer Handtrommel den Grundschlag (das Metrum) vor. Auf seinen Einsatz sprechen, klatschen, patschen... nun beide Gruppen gleichzeitig. Ein „Dirigent" aus jeder Gruppe zeigt den Verlauf der Rhythmuskette (durch Deuten auf den zu rhythmisierenden Tiernamen, s. u.) mit.

– **Spiele mit rhythmischen Bausteinen für die Partner-/Gruppen-/Freiarbeit, für Stationenläufe o. Ä.**

- Ein Kind legt ein Tierkärtchen (AH 17, S. 58). Der Partner sucht das entsprechende Notenkärtchen und umgekehrt.
- Ein Kind würfelt mit dem Tierewürfel (AH 18, S. 59). Der Partner klatscht/patscht... den Namen des Tieres und ordnet das passende Notenkärtchen zu. Anschließend wird gewechselt. Beim „Joker" besteht freie Auswahl.
- Ein Kind würfelt mit dem Notenwürfel. Der Partner klatscht/patscht... den rhythmischen Baustein und ordnet das passende Stofftier/Tierkärtchen zu. Weiter wie oben.
- Jedes Kind der Gruppe würfelt mit einem eigenen Würfel. Die rhythmischen Bausteine werden aneinandergereiht. Die Kinder sprechen/singen/spielen den so entstandenen kleinen „Vers". Beim Übertragen des Sprechrhythmus auf Stabspiele entstehen oft reizvolle kleine Melodien.
- Ein Gruppensprecher klatscht/patscht... eine „Rhythmuskette". Die Kinder legen die entsprechenden Tier- oder Notenkärtchen auf den Tisch.

	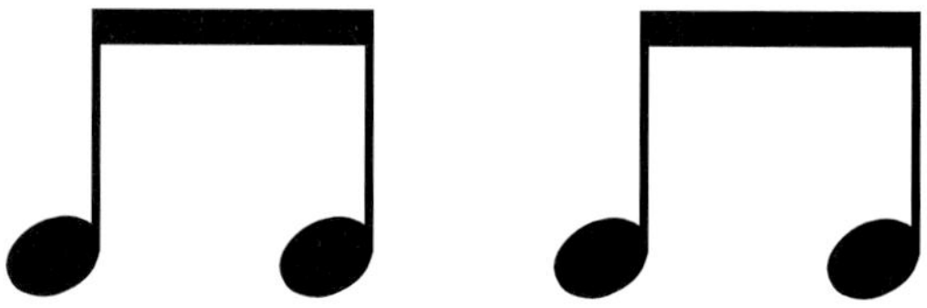

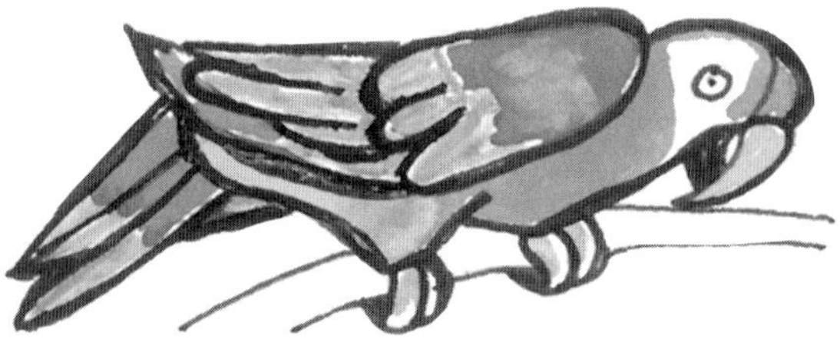	

wolf verlag - Best.-Nr. 01401

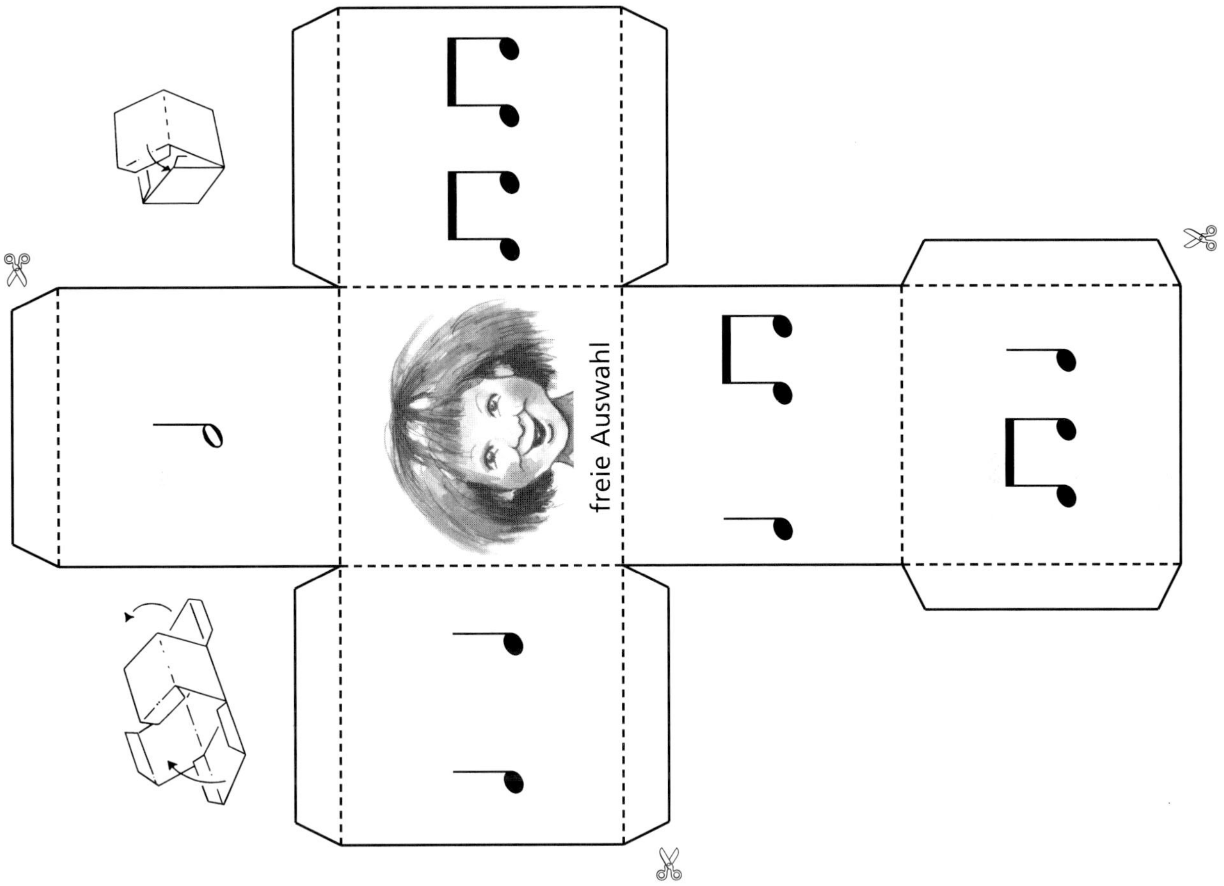
freie Auswahl

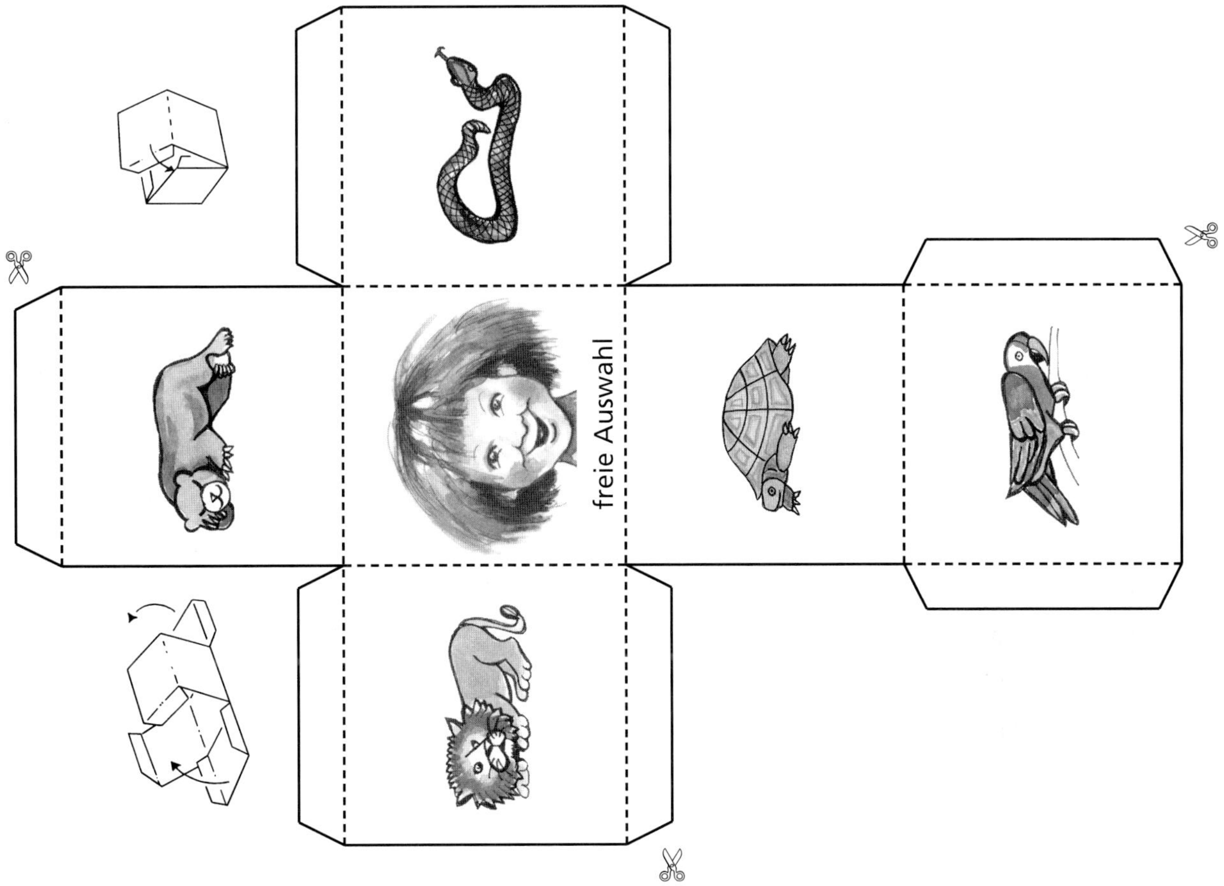
freie Auswahl

Lustige Stabspielereien

Lernziele/-inhalte

- Die Wanderung durch den Zoo mit Stabspielen verklanglichen
- Dabei an Hand der musikalisch umzusetzenden Tieraktionen Grundtechniken im Umgang mit Stabspielen erproben und erlernen

Unterrichtsmittel

Schülerbuch, Xylophone, Metallophone, Glockenspiele

Hinweise zur Unterrichtsgestaltung

- Zur Vorbereitung diese **Übungen mit Schlägeln durchführen**
  - Beidhändig mit Schlägeln einen Luftballon in der Luft halten, ihn um den eigenen Körper bewegen oder „hochkicken" und wieder aufnehmen
  - So tun, als würde man um sich herum mit Schlägeln Seifenblasen zerschlagen
  - Beim Stabspielen auf die Schlägelhaltung achten (Siehe Seite 72.)
- Die verschiedenen **Klangaktionen** der Stabspielereien **erproben**; dabei folgendes beachten:

Zur Durchführung:

- **Affe:** beidhändige, „gleitende" Auf- und Abbewegungen der Schlägel über das gesamte Instrument
- **Elefant:** kräftige, ruhige Wechselschläge auf der tiefsten Klangplatte (c)
- **Pony:** lockere, rasche Wechselschläge auf einer hohen Klangplatte (g); darauf achten, dass die Platte nicht herausspringt
- **Känguru:** beidhändig gleichzeitiges Anschlagen der Klangplatten
- **Bär:** ruhige Wechselschläge auf zwei benachbarten Klangplatten
- **Gämse:** auf- und abwandernde, rasche Wechselschläge
- **Fischlein:** beidhändige Wischbewegungen auf dem gesamten Instrument
- **Löwe:** Dauertremolo

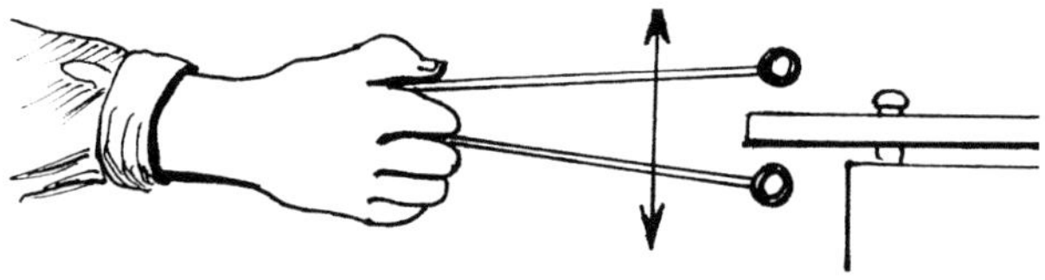

- **Krokodil:** nach oben führende beidhändige Schlägelbewegung (mit Schlägelstielen)

- Bei diesen Erprobungen auch kritisch prüfen, **welche Stabspiele** sich für die jeweilige Aktion eignen (z.B. Xylophon für die Gämse, Metallophon für das Känguru)
- Zusätzlich auch **Instrumente des kleinen Schlagwerkes** verwenden
- Die Dauer der einzelnen Klangaktionen zwischen den Texten jeweils durch einen **Spielführer** anzeigen lassen
- Die Klangaktionen jeweils „ein- und ausblenden"

Klangaktion

- Den Vorspann „Im Zoo, da ist es wunderschön" und den Schlusstext von allen, die einzelnen Zwischentexte jeweils nur von einem sprechen lassen
- Den **gesamten Zoospaziergang** in einem Zuge realisieren und mit dem Kassettenrecorder aufnehmen; über das Ergebnis diskutieren und evt. Verbesserungen vornehmen
- Bei Mangel an Instrumenten auch zwei Schüler an einem Instrument spielen lassen

Müll, Müll, Müll
– Die Müllmusik-Band –

Lernziele/-inhalte

- Aus Wegwerfgegenständen einfache Instrumente basteln und klanglich erproben
- Das Spielen mit diesen Intstrumenten in die „Band" einbringen

Unterrichtsmittel

Schülerbuch (Fotos), 40

Hinweise zur Unterrichtsgestaltung

- Die **Instrumente basteln,** entweder als Projekt, bei dem alle jeden Instrumententyp herstellen oder als Gruppenarbeit, bei der jede Gruppe einen anderen Instrumententyp herstellt
- Schon während des Bastelns mit den Instrumenten **klanglich experimentieren**
- Die fertigen **Instrumente der Klasse vorstellen**

  Vorschlag: Alle bilden einen Kreis. Einer nach dem anderen stellt sein Instrument vor.
- Bei der Erarbeitung des **Liedes** auf „swingenden" Rhythmus achten
- Das **gesamte Musikstück** realisieren

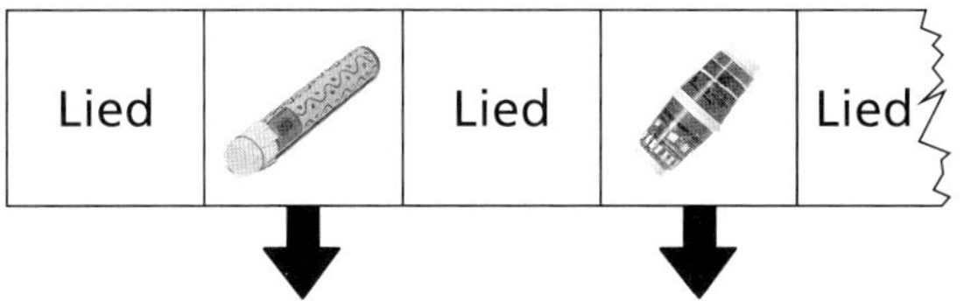

- Die Instrumente spielen den Liedrhythmus.
- Die Instrumente spielen frei jeweils so lange, wie eine Liedstrophe dauert.
- Die Instrumente spielen so lange, bis ein Spielführer das Ende der jeweiligen Improvisation anzeigt.
- Die Schlussimprovisation nach der letzten Liedstrophe kann ausgedehnt und dynamisch gestaltet werden, z. B.

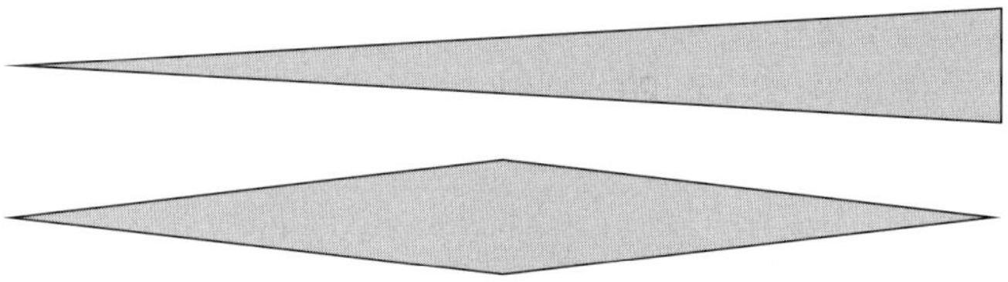

Ich weiß einen Stern

Lernziele/-inhalte

- Ein Gedicht gestaltend lesen und wie ein kleines Theaterstück mit Musik aufführen
- Die Stimmung einzelner Abschnitte des Gedichts in Musik umsetzen

Unterrichtsmittel

Schülerbuch, Orff-Instrumente und andere Instrumente, evt. Requisiten: Erde als Wasserball, Bilder von Städten, Wäldern, Wiesen, Meeren auf Stäben, als Folien für den Overheadprojektor oder als passende Dias

Hinweise zur Unterrichtsgestaltung

- Die Kinder **lesen** das Gedicht in Gruppen und **gestalten** daraus ein **kleines Theaterstück.**
  - Verschiedene Kinder rufen: **Ich weiß einen Stern** und werfen sich dabei den Wasserball, auf dem die Erdkugel dargestellt ist, zu.
  - Die im Schülerbuch blau unterlegten Textstellen spricht eine Gruppe. Dazu erklingen die angegebenen Klänge (auf Metallophonen).
  - Städte, Wälder, Blumen und Meere könnte man pantomimisch darstellen. z.B. Stadt: Viele Menschen laufen eilig herum ... Dazu sprechen einzelne Kinder.
- Die Kinder **erfinden** in Gruppen **eine Städte-, Wald-, Blumen- und Meeresmusik.**
  - Die Geräusche, Klänge und Situationen einer Stadt werden musikalisch nachempfunden (mit Tönen, Klängen oder Melodien). Mögliche Instrumente: Klangstäbe, Flötenköpfe, Flaschen angeblasen oder angeschlagen (mit Wasser gefüllt oder leer), Rasseln aller Art, Xylophone, einzelne klingende Stäbe. Die Instrumente liegen schon vorher bereit. Nach der Sammlung und Erprobung bringen die Kinder ihre Ideen in eine Form.
  - Die zwei Zeilen werden von einem Kind gesprochen, anschließend erklingt die Stadtmusik. Mit Wald-, Blumen-, Meeresmusik wird ebenso verfahren.

Zwerge und Riesen

Lernziele/-inhalte

- Unterschiedliches Tempo in der Musik beim Sprechen und Singen, beim Spiel mit Instrumenten, in der Bewegung und in der grafischen Darstellung erleben

Unterrichtsmittel

Schülerbuch, 41, 42, Legekärtchen (AH 19, S. 63), Schlaginstrumente

Hilfen zur Unterrichtsgestaltung

- Das **Bild S. 90/91** im Schülerbuch gemeinsam betrachten und vor allem über die unterschiedlichen Schrittspuren von Riese und Zwerg und über deren Fortbewegungstempo sprechen
- Sich im Raum abwechselnd als Zwerge und Riesen nach raschen und langsamen Bongoschlägen **bewegen**
- Einen Kreis bilden, in dem sich ein Kind mehrfach wechselnd mit Zwergen- und Riesenschritten fortbewegt; dabei
  - Augen schließen und **auf die Schrittgeräusche achten**
  - die Schritte mit Klanggesten (z.B. auf den Boden patschen) **verstärken**
  - die Schritte mit **Schlaginstrumenten** mitvollziehen
- Eine Folge von wechselnden Zwergen- und Riesenschritten **grafisch mitvollziehen**

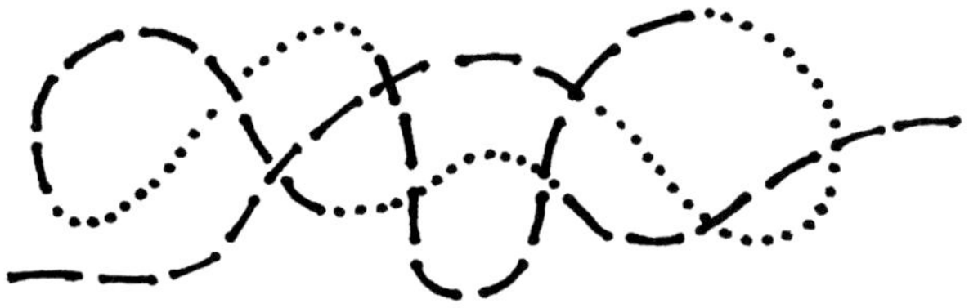

- Das **Lied von S. 90/91** im Schülerbuch so singen, dass der Unterschied zwischen der Zwergen- und der Riesenstrophe sehr deutlich wird
- Sich zum Lied **bewegen;** zunächst ab „trippel trappel..." bzw. „stampf stampf..."; dann während sämtlicher Strophen; schließlich beim mehrmaligen Hintereinandersingen des Liedes
- Zum Lied eine **Begleitung** mit Klanggesten, Schlaginstrumenten aus diesen rhythmischen Bausteinen entwickeln:

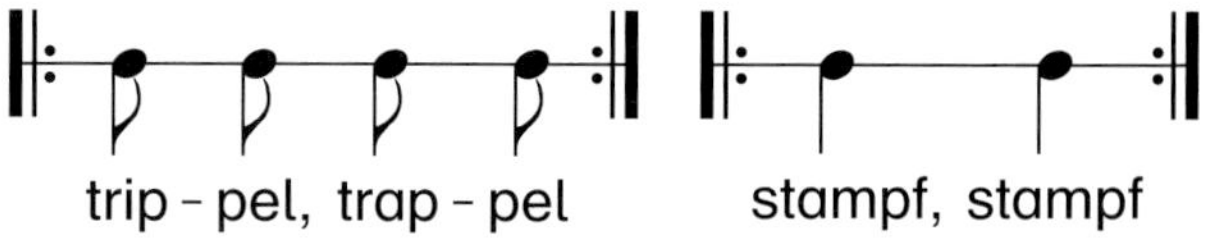

- Sich zur **„Langsam-Schnell-Musik"** (42) als Zwerge bzw. Riesen bewegen; dabei genau auf die Tempowechsel achten
  Variante: Eine Zwergen- und Riesengruppe bewegt sich jeweils nur zu ihrer Musik.
- Mit den Kärtchen (AH 19, S. 63) den **Ablauf des Musikstückes** legen

- Mit den Kärtchen (AH 19, S. 63) **Folgen von rascher und langsamer Musik** legen und realisieren
- Den **Bewegungskanon** sprechen und mit zwei Gruppen in Bewegung umsetzen
- An Hand des Textes **„Das Karussell"** (siehe unten) die allmähliche Zu- bzw. Abnahme des Tempos erleben: zunächst den Text sprachlich umsetzen; ihn daraufhin mit Klanggesten begleiten; ihn schließlich in Bewegung umsetzen

Das Karussell Text u. Rhythmus: R. Schuhmann

wolf verlag - Best.-Nr. 01401

Hei, sie schweben
– **Bunte Luftballons** (Tanz) –
– **Eine kleine Seifenblase** (Lied) –

Lernziele/-inhalte

- Beobachten von Seifenblasen
- Atem- und Stimmspiele (fff, bling...)
- Erlernen des Liedes und der Begleitung
- Erfahren von weiten und engen Bewegungen (Aufgabe 1/ S. 96 im Schülerbuch)
- Bewegungserfahrungen mit den Luftballons am Platz und in der Fortbewegung (siehe Bild im Schülerbuch S. 96)
- Bewegungsgestaltungen mit den Luftballons zur Musik

Unterrichtsmittel

Schülerbuch, 44, P 63, bunte Luftballons, Seifenblasenbrühe (dazu mehrere gleichzeitig verwenden – im Handel erhältlich: Pustefix), Instrumente

Hinweise zur Unterrichtsgestaltung

– Die Kinder erlernen **das Lied und die Begleitung.**
  - Während die Kinder reihum Seifenblasen pusten und sich darüber freuen, erlernen alle durch Mitsingen und Mitzeigen der Melodielinie das Lied.
  - Bei der Schlusspause erklingt jedesmal mit Fingercimbeln und Stimme ein bling, fff, fd, flieg. Wir singen so oft alle Strophen – immer wenn Seifenblasen fliegen –, bis alle Gruppen einmal gepustet haben.
  - Bevor wir mit Fingercimbeln, wie im Schülerbuch angegeben, begleiten, klatschen wir diese Begleitung.
  - Die Begleitung auf Stabspielen ist nach Zeilen getrennt (1. Zeile c e c g evtl. auf Xylophon; 2. Zeile c g c g evtl. auf Metallophon).

– Die Kinder erproben **weite und enge Bewegungen.**
  - Zur Bewegungsbegleitung (auf Handtrommeln oder Bongos) laufen die Kinder lange Sprünge und kurze Schritte gerade oder in Kurven durch den Raum.
  - Die Kinder beobachten, wie ein Luftballon aufgeblasen wird.
  - Wir stellen uns vor, wir wären selbst ein Luftballon. Wir ahmen mit unserem ganzen Körper oder mit einzelnen Körperteilen nach, wie ein Luftballon aufgeblasen wird. Wir stellen also große und kleine, weite und enge Bewegungen auf akustische Impulse (z.B. Beckenschlag, Beckenbesenschlag) dar.

– Die Kinder **gehen spielerisch** mit den **Luftballons um** und **gewinnen** dadurch **Körpererfahrungen.**
  - Wie im Schülerbuch abgebildet, rollen die Schüler den Luftballon um mehrere Körperteile (blaue Kinder).
  - Mit verschiedenen Körperteilen werfen und fangen sie ihn auf (grüne Kinder).
  - Zu zweit bewegen sich die Kinder, mit dem Luftballon zwischen sich, fort. Der Luftballon steckt zwischen den Köpfen, dem Bauch, der Nase, den Schultern, usw.

– Die Kinder bewegen sich allein, zu zweit oder in kleinen Gruppen **zur Musik** und **gestalten einen Luftballontanz.**

Als Ergänzung zu diesen Unterrichtseinheiten könnte noch das Gedicht von Josef Guggenmos ein lustiger Abschluss sein:

Die Nadel sagt zum Luftballon:
„Du bist rund,
ich bin spitz.
Jetzt machen wir beide
einen Witz.
Ich weiß ein lustiges Schnettereteng:
Ich mache pick,
und du machst peng!"

(aus: Hans-Joachim Gelberg (Hrsg.): Die Stadt der Kinder, Gulliver Taschenbuch, 1999 Beltz Verlag, Weinheim und Basel, Programm Beltz & Gelberg, Weinheim

Das Gedicht könnte mit Instrumenten verklanglicht, in der Bewegung dargestellt und als Spiel durchgeführt werden.

Sommerwetter, Donnerwetter

Lernziele/-inhalte

- Bildkarten einem bestimmten Geräusch zuordnen
- Einen Gewitterverlauf beschreiben und vielfältig musikalisch umsetzen
- Ein Gewitter in grafischer Notation darstellen
- Ein Gewitter nach Zeichen spielen (Klangspiel)

Unterrichtsmittel

Schülerbuch, 45–49, Legekärtchen: Geräusche des Regens (AH 20, S. 66), Instrumente, Papierbogen, Aufnahmegerät

Hinweise zur Unterrichtsgestaltung

– **Die Schüler werden auf das Thema Sommergewitter eingestimmt.**
  - 45, Gespräch über ähnliche Erlebnisse
  - Die Kinder hören auf die unterschiedlichen Geräusche des Regens 46.
  - Legen der Karten zu den Geräuschen (AH 20, S. 66)
  - Überprüfen der Reihenfolge und Besprechen der klanglichen Unterschiede: Hörbeispiele 46: 1. Regen fällt auf Holz, 2. Regen prasselt gegen die Fensterscheiben, 3. Regentropfen fallen in einen Blechkübel, 4. Regen fällt auf Steinweg vor der Hütte, 5. Regen fällt auf Hand des Vaters.
  - evtl. Hörversuche im Freien mit Wassertropfen

– **Die Kinder beschreiben den Verlauf eines Gewitters.**
  - Fehlende Bilder auf S. 98/99 im Schülerbuch werden inhaltlich besprochen.
  - Größe der Bilder ist Ausdruck der Lautstärke.

– **Die Kinder spielen ein Gewitter.**
  - Auf Stabspielen, Körperinstrumenten, Handtrommeln oder mit einem Blatt Papier verklanglichen die Kinder das Gewitter.
  - Präsentation der verschiedenen Gewitter-Stücke, wobei auf den Verlauf der Lautstärke Wert gelegt wird (crescendo und decrescendo).
  - Schülerbuch S. 98, Aufgabe 2: Wir spielen allmählich *lauter*. Wir spielen allmählich *leiser*.
  - Aufnahme der Gewitter auf Kassette, Besprechung und eventuelle Korrekturen

– **Die Kinder stellen ihr Gewitter in eigener grafischer Notation dar.**
  - Die Kinder stellen auf einem mit Crescendo-Zeichen und Descrescendo-Zeichen versehenen Papier (Schülerbuch S. 98, Aufgabe 3) ihr Gewitter grafisch dar.

– **Die Kinder spielen ein Gewitter nach Zeichen.**
  - Ein Kind dirigiert und zeigt den Verlauf des Gewitters mit Hilfe einer Partitur. Die übrigen Kinder spielen nach (Schülerbuch S. 99, Aufgabe 4).
  - Spielidee: Das Spiel vom Sausewind (Schülerbuch S. 19) kann an dieser Stelle wiederholt werden.
  - 47, 48 Ende der Geschichte
  - Partnermassage mit Wechsel (Massagebeschreibung 48)

wolf verlag - Best.-Nr. 01401

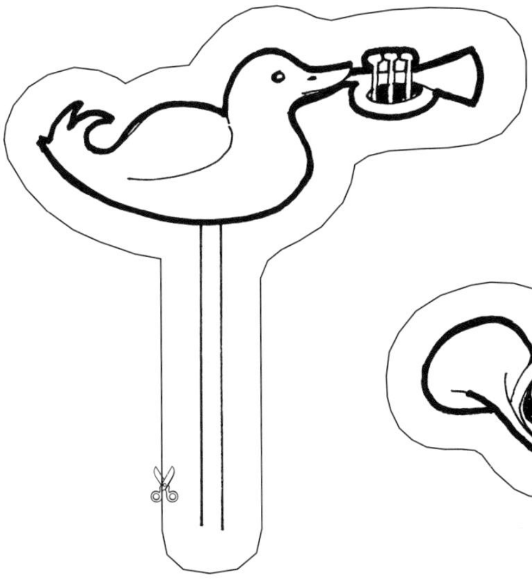

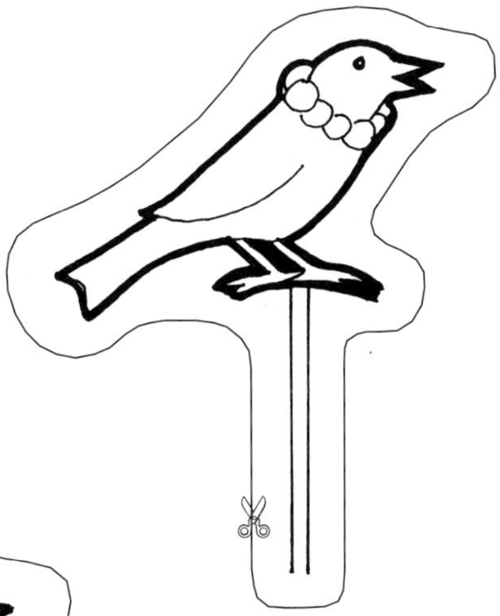

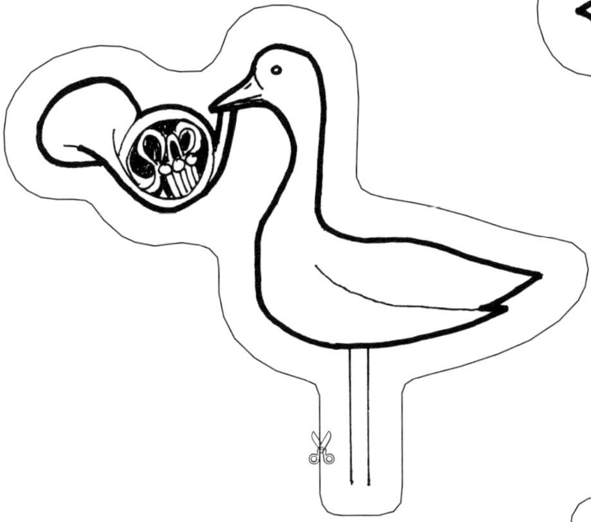

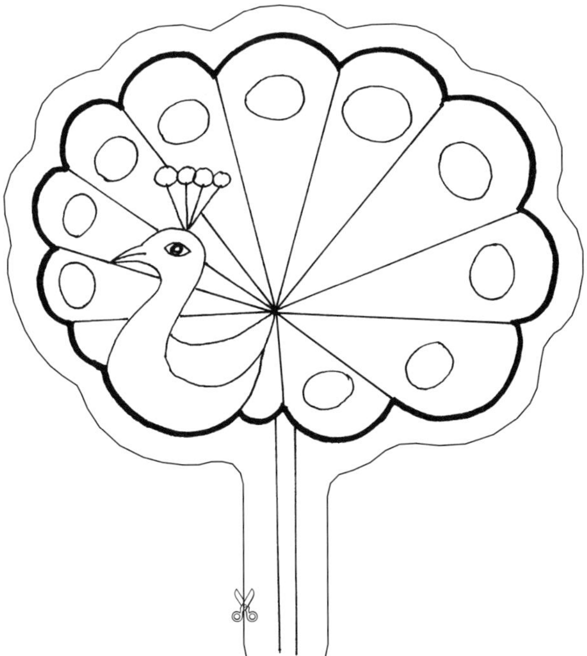

Tim und die wilden Tiere – Ein Spiel

P 69–74

Das Spiel „Tim und die wilden Tiere“ ist trotz der märchenhaften Züge auch eine Geschichte über Musik. Die wilden Tiere, von sich aus nur auf „Krachmusik“ eingestellt, lernen, dass Musik auch leise sein und zwischen leise und laut wechseln kann. Dieser musikalische Inhalt wird bereits in der Einheit „Die Freunde des Herrn Laut und Herrn Leis“ (Schülerbuch S. 31, 32) erfahrbar gemacht und sollte beim Erspielen dieser Geschichte im Erlebnishintergrund stehen.

Das Spiel „Tim und die wilden Tiere“ hat **Projektcharakter.** Es sollte fächerübergreifend angegangen werden, da bei der Ausgestaltung musikalische, sprachliche, bewegungsbezogene und bildnerische Aspekte zusammenwirken. Das Spiel eignet sich zum Vorspielen bei Schulveranstaltungen.

Hinweise zur Ausgestaltung des Spieles

– **Musikalische Ausgestaltung**

- Bei den Liedern sollte der Stimmungsgehalt gut herauskommen, z.B. der Gegensatz „Krach, Krach, Krach“ – „Schad, schad...“. Die Synkopierungen sollten beim Ersingen anfangs durch zusätzliches Mitklatschen deutlich eingeschliffen werden.
- Die Stabspielbegleitung der Lieder ist absichtlich sehr einfach gehalten, um ein langwieriges Einstudieren zu vermeiden. Die jeweiligen Begleitvorschläge sind so gedacht, dass immer alle verfügbaren Instrumente einer Sorte eingesetzt werden; z.B. beim Lied „Ja, kennt ihr den Tim“ spielen alle Xylophone vom Bass- bis zum Sopraninstrument mit.
- Als Vorspiel für das jeweilige Lied (vor allem für die Tonfindung des Liedanfangs) werden die beiden Takte des Begleitvorschlags vorausgespielt. Sollte ein Blockflötenspieler zur Verfügung stehen, könnten die kleinen Vorspiele mit der gleichen Stabspielbegleitung jeweils vorausgespielt werden. Auch eine Klavierbegleitung bzw. eine kombinierte Begleitung Klavier/Stabspiele ist denkbar. Dabei übernimmt die rechte Hand beim Klavier die Melodiestimme, die linke Hand spielt die ständig wiederkehrende Begleitformel (Ostinato) eine Oktave tiefer, also im Bassbereich.

Beispiel: Schad, schad! (S. 109)

– **Sprachliche Ausgestaltung**

Die im Schülerbuch vorgegebenen Dialoge sind Vorschläge. Diese können aber auch von den Kindern selbst entwickelt oder aus der jeweiligen Situation heraus frei gestaltet werden.

– **Bewegungsbezogene Ausgestaltung**

Die verschiedenen Aktionen der wilden Tiere, also ihr Auftauchen, das Krachmachen, die „Leise-Musik“ oder die „Laut-Leise-Musik“ sollten auch von der Bewegung her mitgestaltet werden.

– **Bildnerische Ausgestaltung**

- Die Masken, aus Kartonteilen oder aus Tonpapier hergestellt, sollten so beschaffen sein, dass die Mundpartie unbedingt frei für das Sprechen bleibt. Bei der Bemalung sollte man viel Fantasie walten lassen.
- Als Hintergrund könnten Fantasiebäume an der Begrenzungswand angebracht werden (Reißtechnik).

Blockflötenvorspiele und Begleitungen für „Tim und die wilden Tiere“

① Ja, kennt ihr den Tim?

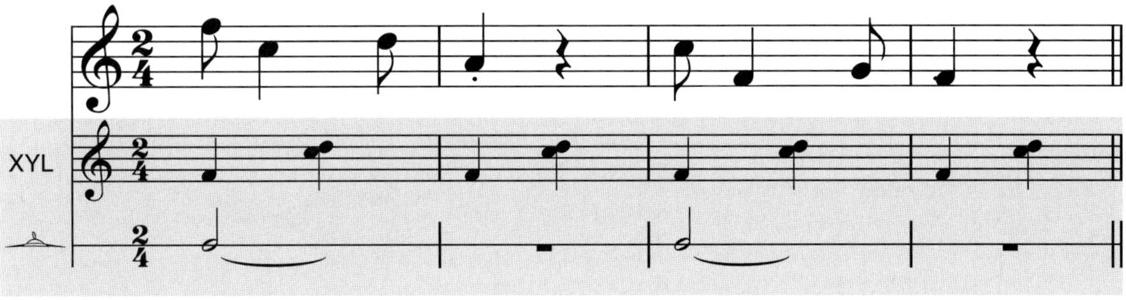

② Wir sind die wilden Tiere

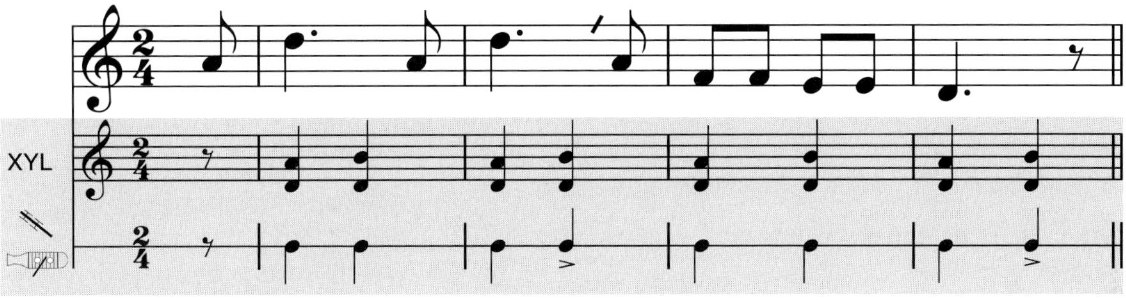

③ Krach, Krach, Krach!

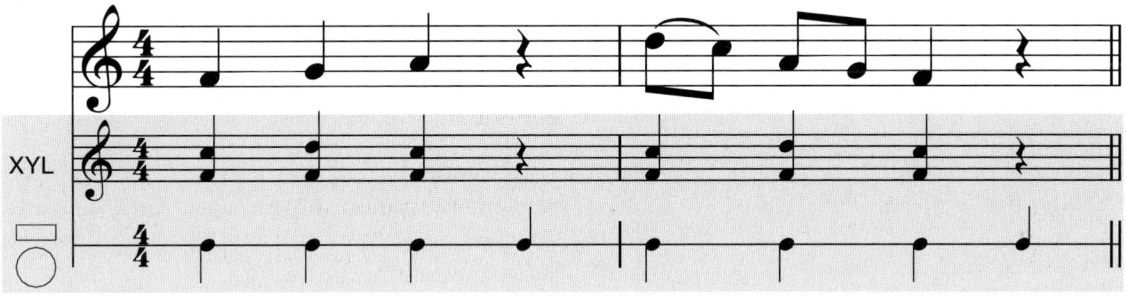

④ Schad, schad!

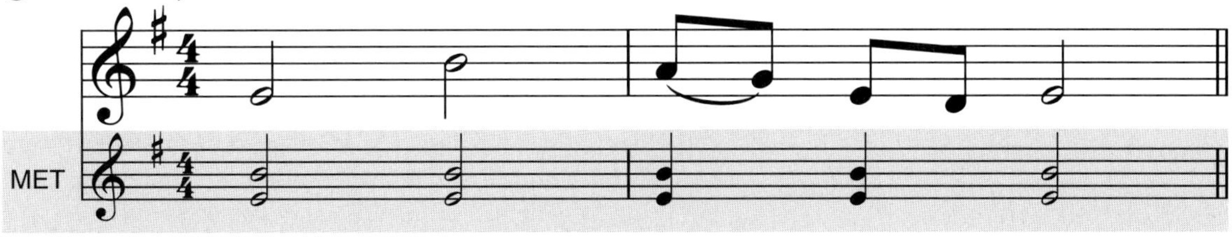

⑤ Bleib bei uns!

⑥ **Aus ist der Traum**: Musik wie „Ja, kennt ihr den Tim?“

Atem- und Stimmspiele (R. Schuhmann)

Der Umgang mit der Stimme muss in der Musikerziehung im Grundschulbereich eine zentrale Stellung einnehmen. Neben dem Liedsingen, dem rhythmisierten Sprechen schließt dies auch Stimmübungen in Form von Stimmspielen ein.

Stimmspiele zur Aktivierung des Atmungsvorgangs

Ziel ist es, die häufig festzustellende „flache" Atmung zu aktivieren und eine verstärkte Beteiligung des Zwerchfells beim Atmungsvorgang zu bewirken (Zwerchfell-Flanken-Atmung). Prof. A. Rüdiger regt an, sich vorzustellen, dass wir durch einen „Nasengürtel" einatmen. Spürbar wird die Zwerchfelltätigkeit, wenn wir bei kraftvollen Atemstößen die Hände an die Flanken legen.

Sinnvoll ist es, bei Atemübungen vom Ausatmen auszugehen und die Luft reflexartig einströmen zu lassen („Es atmet ein."). Dadurch können mögliche Fehlverhalten beim Einatmen (Hochziehen der Schultern!) vermieden werden. Es ist günstig, reale Blasesituationen zu schaffen, indem geeignete Gegenstände eingesetzt werden (Feder, Wattebausch, dünnes Papiertuch, Tischtennisball...)

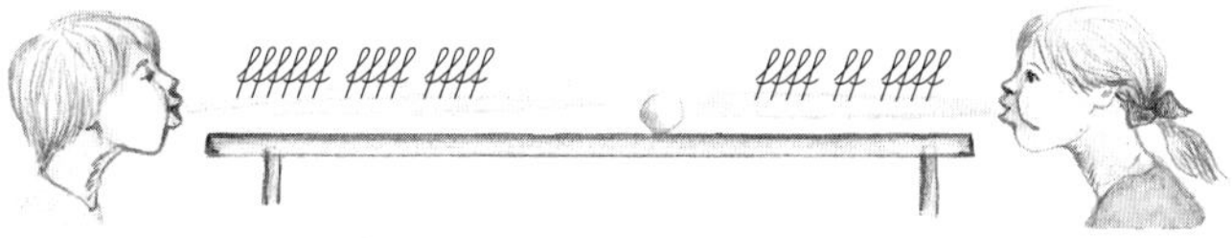

Geht es bei den ersten Atemspielen um eine Aktivierung des Gesamtatmungsvorgangs, so sollte bald ein kontrolliertes Ausströmenlassen der Atemluft angestrebt werden (mit Konsonanten f, s, z, sch). Vorstellungshilfe mag hier der Luftballon sein, aus dessen enggezogener Öffnung die Luft leise zischend langsam und gleichmäßig entströmt.

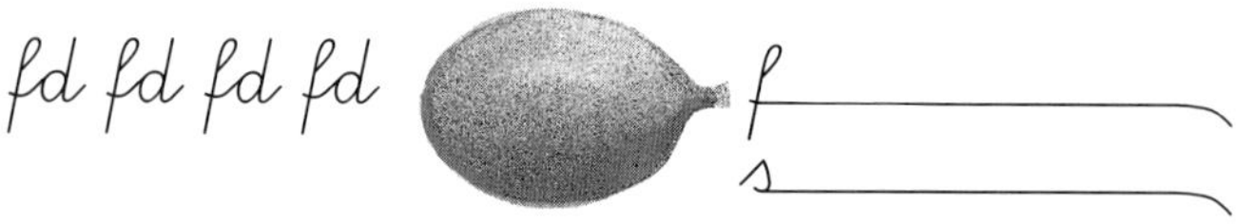

Auch das Imitieren von verschieden starken Windgeräuschen bietet sich hier an.

Ein nächster Schritt besteht darin, die Zischgeräusche durch einen gleichbleibenden Ton zu ersetzen (freieTonwahl).

Solche Einzelstimmspiele können in eine kleine „Stimmgeschichte" einmünden, die dann jederzeit als Stimmübung reproduzierbar ist.

Die Zeitdauer für die Ausatmungsphase sollte bei diesen Atemspielen individuell bestimmt werden können. Die „Weitung" der Atemkapazität erfolgt vor allem durch Sprechen oder Singen in immer größeren Atembögen. Es ist zu beachten, dass Atemspiele nicht zu lange ausgedehnt werden und dass für Frischluftzufuhr gesorgt wird.

Stimmspiele zur Lockerung von Unterkiefer, Lippen und Zunge

Ziel ist es, den oft „trägen" Unterkiefer z. B. durch „Wackelübungen" (senkrecht/waagrecht), durch stimmliches Imitieren eines „austanzenden" Gymnastikreifens zu lockern bzw. Lippen und Zungen durch Imitieren von Regentropfen oder eines „aushüpfenden" Gummiballs zu aktivieren.

Stimmspiele zur Erschließung und Verbindung von Resonanzräumen

Ziel ist es, die oft wenig tragfähige, vorwiegend „brustige" Kinderstimme durch Erschließen und Verschmelzen von Resonanzräumen zu veredeln.

Vor allem gilt es, die Resonanzräume des Kopfes in den Stimmklang einzubeziehen. Hierfür eignen sich besonders Spiele mit dem Vokal u und den Konsonanten m und n. Beim M ist darauf zu achten, dass es erst dann zum Klingen kommt, wenn dem Mundbereich genügend Raum gegeben wird („Zähne auseinander", Lippen locker aufeinander).

Die Verbindung von Brust- und Kopfregister der Stimme wird durch die Weitung des Schlundes – ideal erlebbar beim Gähnen – gefördert. Besonders effektiv sind hier Stimmspiele mit dem Laut ng in Form von stimmlichen Glockenimitationen (ding, dong, boing, bling, blong).

Ein weiteres Übungsfeld für das Verschmelzen der Resonanzräume ist im Stimmspiel mit Tonkurven gegeben. Dabei geht es darum, die Stimme „bruchlos" kontinuierlich von der Höhe in die Tiefe bzw. von der Tiefe in die Höhe zu führen. Als Beispiel sei das „Verstimmlichen" des langsamen Herabsinkens einer hochgeblasenen Feder angeführt, wobei diese Tonkurven allmählich immer mehr in den hohen/tiefen Tonbereich geführt werden sollen (Vorsicht: kein Druck!). Dadurch können Kinderstimmen mit geringer tonlicher „Bandbreite" (Brummer!) positiv beeinflusst werden.

Stimmspiele zum lautgerechten Stimmgebrauch

Im Bereich der Beschäftigung mit den Sprachlauten geht es vor allem darum, Vokale und Konsonanten einerseits in ihrer klanglichen Eigenart, andererseits in Lautverbindungen phonetisch richtig zu realisieren.

- Einzelvokale werden vorwiegend im Sinne affektiver Äußerungen ins Spiel gebracht (O!, A!, I!). Die Problematik des sog. Vokalausgleichs, also das Bestreben, alle Vokale bis zu einem gewissen Grad einander anzugleichen, ist hier noch nicht relevant.

  Der Wind ruft:

- Beim bewussten Umgang mit Konsonanten sollte einerseits der Einzellaut Gegenstand von Stimmspielen sein. So kann der Gegensatz der Explosivlaute b und p in der Imitation des tropfenden Wasserhahns (b b b) und dem Platzen des Luftballons (Päng) erlebt werden.

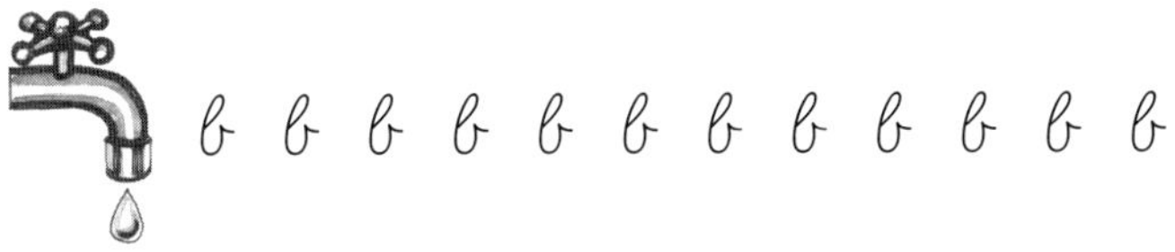

Es sollte aber auch andererseits die wichtige Funktion der Konsonanten als „Fassung" der Vokale genutzt werden (A. Rüdiger: „Vokale sind die Edelsteine, Konsonanten deren Fassung."). Diese Wirkung wird durch Doppelkonsonanten noch verstärkt (z.B. „Schni, schna, schnaus...")

Stimmspiele zum differenzierten Gebrauch der Stimme

Ziel ist der differenzierte Gebrauch der Stimme, vor allem im Hinblick auf Dynamik und Ausdruck.

- *„Flüsterpost"*: Ein Satz wird flüsternd reihum weitergegeben. Was kommt raus?
- *„Echo"-Spiele*: Eine Gruppe ruft laut, die entfernt postierte Gegengruppe antwortet als Echo.
- *Rollenspiele*, z.B. „Die gelben Tüten" (S. 22): Flehendes Bitten – schroffe Zurückweisung werden sprachlich/gestisch dargestellt.
- *Grundbefindlichkeiten* wie Freude, Trauer, Zorn... werden in Nonsensetexte transponiert und sprachlich/gestisch gestaltet.

Kleines Schlagwerk

(aus Fell, Metall und Holz)

Handtrommel (Handschlag)

Handtrommel (Daumenschlag)

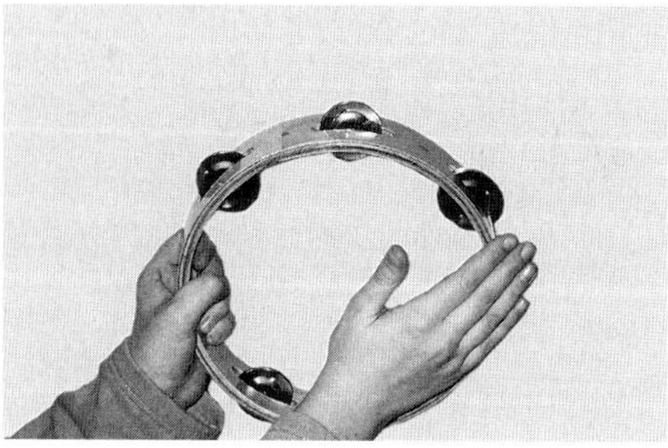
Schellenring

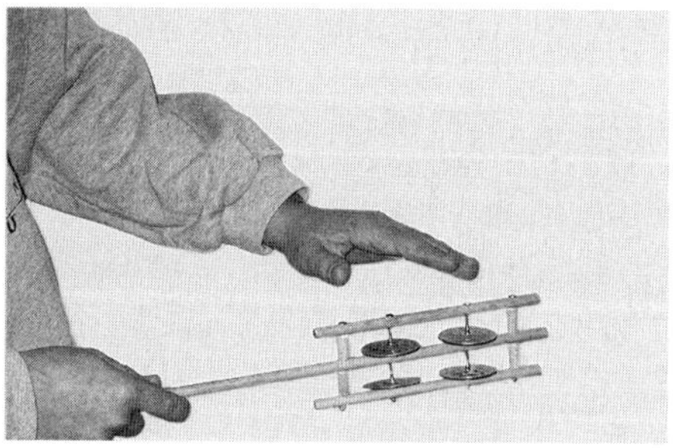
Schellenrassel

Schellenkranz

Fingercymbeln

Becken

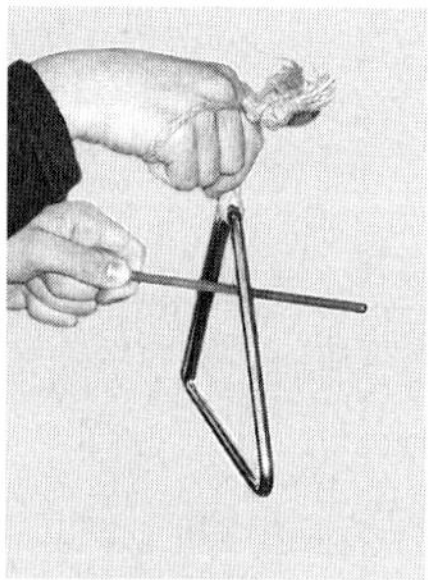
Triangel

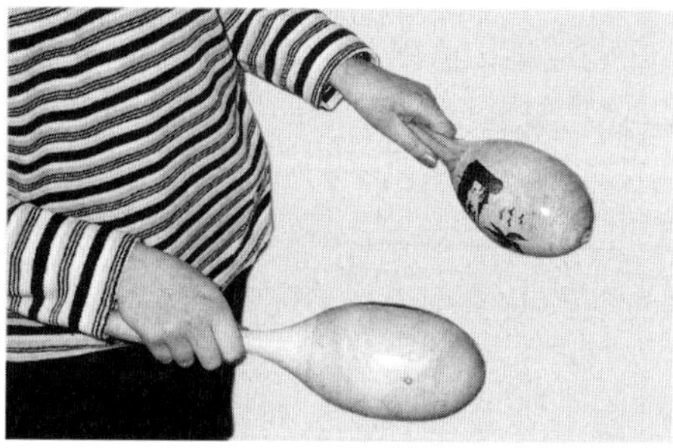
Kugelrassel

Schlagstäbe (Claves)

Schlagstäbe (Claves)

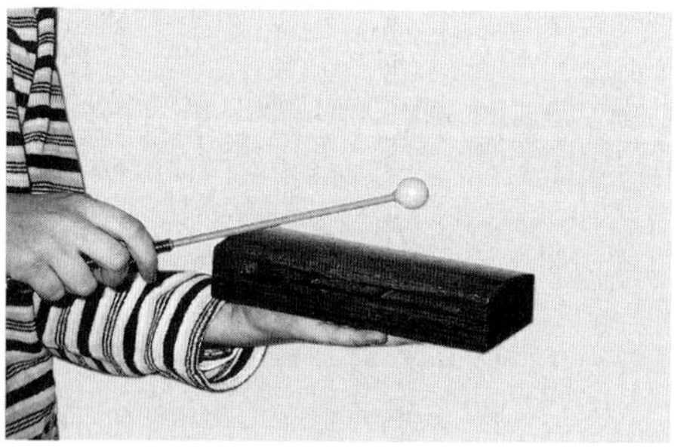
Holzblocktrommel

Stabspiele

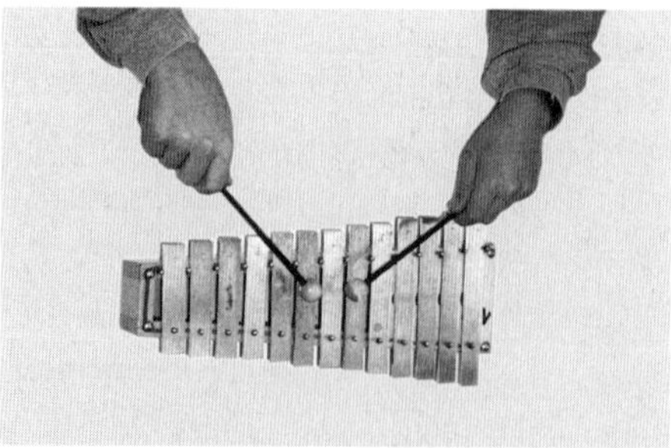
Glockenspiel

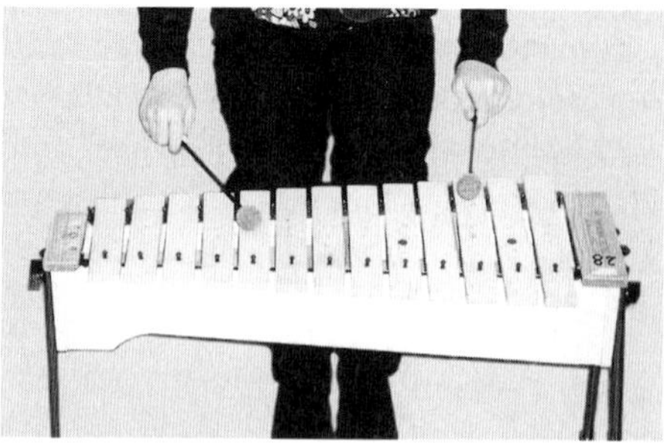
Metallophon